SPHINX

John Heider

Tao der Führung

Laotses *Tao Te King* für
eine neue Zeit

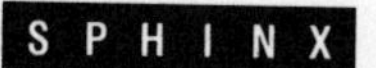

Aus dem Amerikanischen
von René Taschner

Die Illustrationen sind dem Buch *The Mustard Seed Garden Manual of Painting* entnommen, herausgegeben und aus dem Chinesischen übertragen von Mai-mai Sze, erschienen bei der Princeton University Press, New York 1956. Sie stammen von den drei Brüdern Wang Kei, Wang Shih und Wang Nieh aus dem 17. Jahrhundert.

Die Deutsche Bibliothek – CIP-Einheitsaufnahme

Tao der Führung:
Laotses Tao te king für eine neue Zeit / John Heider.
[Aus dem Amerikan. von René Taschner. Die Ill, stammen von Wang Kei...].
3. Aufl. – Basel: Sphinx, 1993
Einheitssacht.: The Tao of leadership <dt.>
ISBN 3-85914-180-5
NE: Heider, John; Wang, Gai; EST

1993 3. Auflage

Originaltitel: The Tao of Leadership
Erschienen bei Humanics Limited, Atlanta, Georgia, USA
Gestaltung: Charles Huguenin
Satz: Compotext, München
Herstellung: Clausen & Bosse, Leck
Printed in Germany
ISBN 3-85914-180-5

Dieses Buch widme ich den Lehrern, Mitarbeitern, Studenten und Freunden der Human Potential School in Mendocino.

Die Kapitel

Hinweis des Autors

Nahezu alle Fassungen des *Tao Te King* — auch die in der Bibliographie aufgeführten sechs Ausgaben — weisen dieselbe, auch von mir verwendete Kapitel-Numerierung auf. Damit lassen sich die verschiedenen Fassungen leicht miteinander vergleichen.

Einführung

Das *Tao Te King* von Laotse gehört zu den beliebtesten gelehrten Schriften Chinas. Ursprünglich den Weisen und den Herrschern des 5. Jahrhunderts v. Chr. zugedacht, ist es zu einem Klassiker der Weltliteratur geworden. Viele von Laotses Sprichwörtern sind heute allgemein bekannt: «Eine Reise von tausend Meilen beginnt mit einem Schritt» sei hier als Beispiel angeführt.

Bei meiner Arbeit als Lehrer war mir das *Tao Te King* stets ein unerläßliches Hilfsmittel bei Seminaren mit Gruppenleitern, Psychotherapeuten und Pädagogen. Die Schüler schätzen es. Sein Inhalt ist einfach und sinnvoll. Noch bedeutsamer scheint mir jedoch die Tatsache, daß das *Tao Te King* Fachkenntnisse und Lebensweise von Führungskräften überzeugend zu vereinen weiß: *unsere Arbeit ist unser Weg.*

Die erfolgreiche Arbeit mit dem *Tao Te King* ließ mich dessen breitere Anwendungsmöglichkeiten erkennen, insbesondere im Hinblick auf eine neue Generation, die von Führungsaufgaben und dem umsichtigen Einsatz menschlicher Kräfte und Talente fasziniert ist. Ich glaube, daß die vorliegende Bearbeitung jedem dienlich sein wird, der eine führende Stellung innerhalb der Familie oder einer Gruppe, Kirche, Schule, im Beruf, Militär, in der Politik oder Verwaltung innehat oder anstrebt.

Tao Te King bedeutet das Buch (King) über (Tao) das Entstehen oder den Lauf (Te) der Dinge. Die Schrift selbst umfaßt drei Hauptthemen:

1. Das Naturgesetz — oder der Lauf der Dinge;

2. Eine Lebensweise — oder das Leben in bewußter Harmonie mit dem Naturgesetz;

3. Eine Führungsmethode — oder das Wissen um die Führung oder Erziehung anderer in Übereinstimmung mit dem Naturgesetz.

Wie bereits erwähnt, wandte sich die Schrift Laotses ursprünglich an die weisen Politiker und Staatsmänner des alten China. Ich beherrsche die chinesische Sprache nicht; die vorliegende Bearbeitung entstand aufgrund zahlreicher Übersetzungen, die ich so lange miteinander verglich, bis sich die scheinbaren Widersprüche für mich geklärt hatten. Danach las ich die eine oder andere Übersetzung meinen Schülern vor. Später erklärte ich ihnen, was die einzelnen Abschnitte für mich bedeuteten, und erläuterte insbesondere deren Anwendungsmöglichkeiten auf Gruppenleiter und alle, die nach einem erfüllten persönlichen Lebensinhalt strebten.

Meine Bearbeitung des *Tao Te King* entstand im Verlauf dieser Klassenarbeit: es handelt sich somit um eine persönliche Auslegung von Laotses Worten. Gewisse berühmte oder besonders poetische Textstellen wurden unverändert übernommen. So beließ ich beispielsweise in Kapitel 64 den bereits erwähnten Aphorismus von der «tausend Meilen langen Reise».

Die vorliegende Version des *Tao Te King* entwickelte sich aus der gesprochenen Sprache. Laut gelesene Texte werden meiner Ansicht nach besser verständlich. Versuchen Sie es. Laut lesen ist eine nützliche Gewohnheit.

John Heider
Coconut Grove, Florida

Tao der Führung

1
Tao bedeutet Wie

Tao bedeutet Wie: wie sich die Dinge ereignen, wie sie funktionieren und wie sie ihre Wirkung ausüben. Tao bildet das Urprinzip der gesamten Schöpfung.

Tao ist Gott.

Tao läßt sich nicht genau beschreiben, es trifft auf alles zu. Nichts läßt sich mit sich selbst bestimmen.

Wenn sich ein Grundsatz genau umgrenzen läßt, handelt es sich nicht um Tao.

Tao ist das Urprinzip. Andererseits bedeutet Schöpfung einen Prozeß. Hier findet sich alles Seiende: Urprinzip und Prozeß — das Wie und das Was.

Die gesamte Schöpfung entfaltet sich gemäß dem Tao. Es gibt keine andere Möglichkeit.

Tao läßt sich nicht bestimmen — aber man kann es erfahren. Zu diesem Ziel führen Meditation und Bewußtsein gegenüber dem Geschehen. Wenn ich den Lauf der Dinge bewußt wahrnehme, beginne ich das Wie des Geschehens zu empfinden. Ich beginne Tao zu spüren.

Um den Lauf der Dinge bewußt wahrzunehmen, muß ich offen sein. Meine persönlichen Vorurteile oder Neigungen sind aus dem Weg zu räumen. Menschen mit Vorurteilen sehen nur jene Aspekte, die ihre Meinung bestätigen.

Meditation führt zum Ziel, weil das Urprinzip und der Lauf der Dinge untrennbar zusammengehören. Jeder Prozeß offenbart das ihm zugrunde liegende Prinzip. Dies bedeutet, daß ich Tao erfahren kann. Ich kann Gott erfahren.

Wenn ich um Tao weiß, erkenne ich den Lauf der Dinge.

2
Polarität

Alles Verhalten beruht auf Polarität. Wenn ich etwas unablässig wiederhole, wird sich dessen Polarität offenbaren.

Zwei Beispiele: Sich erbittert um Schönheit mühen, macht häßlich; Freundlichkeit um jeden Preis ist eine Form von Selbstsucht.

Jede überbetonte Verhaltensweise impliziert ihr Gegenteil:

· Übertriebene Lebenslust läßt auf Todesangst schließen
· Echte Einfachheit ist nicht mühelos
· Der Prahler fühlt sich möglicherweise klein und unsicher
· Wer der Erste sein will, kommt als Letzter zum Ziel

Da er um die Wirkung der Polarität weiß, beschleunigt der kluge Gruppenleiter das Geschehen nicht, sondern ermöglicht dem Lauf der Dinge eine natürliche Entfaltung.

Der Gruppenleiter geht als Beispiel voran — er hält keine Vorträge darüber, wie man sein «sollte».

Der Gruppenleiter weiß, daß stetes Eingreifen den Gruppenprozeß blockiert. Er beharrt nicht auf einem bestimmten Ergebnis.

Der kluge Gruppenleiter strebt nicht nach viel Geld oder Lob. Dennoch erhält er von beidem reichlich.

3
Sich selbst sein

Der kluge Gruppenleiter stellt weder die eigene Tugendhaftigkeit zur Schau, noch zeichnet er andere für ihr gutes Verhalten aus. Dies würde bloß eine von Erfolg und Mißerfolg geprägte Atmosphäre schaffen; Konkurrenzkampf und Eifersucht sind die Folgen.

Die Betonung materieller Werte zeigt dieselbe Wirkung: Bei jenen, die viel besitzen, erwacht die Gier, während jene, die wenig besitzen, zu Dieben werden.

Wer Äußerlichkeiten betont, weckt die Gefallsucht der andern.

Der kluge Gruppenleiter bringt jedem Verhalten respektvolle Aufmerksamkeit entgegen. Damit wird die Gruppe offen für immer differenziertere Verhaltensmöglichkeiten. Die Leute lernen viel, sobald sie nicht bloß so reagieren, wie es ihrer Meinung nach dem Lehrer gefallen könnte.

Das Verhalten des Gruppenleiters läßt erkennen, daß sich das Wesentliche nicht durch äußerlichen Stil ersetzen läßt. Das Wissen um «Tatsachen» ist keineswegs bedeutender als schlichte Weisheit; wer vordergründig beeindruckt, handelt nicht überzeugender als jener, der still und zentriert vorgeht.

Die Schüler lernen, daß erfolgreiches Handeln auf Ruhe und klarem Daseinsgefühl beruht. Beide bilden einen Quell des Friedens. Die Gruppe entdeckt, daß der realistische, ruhig vorgehende Mensch besser seine Pflicht zu erfüllen weiß als der bloß übereifrige.

4
Tao ist kein Ding

Grabe so lange, wie du magst — auf Tao oder Gott wirst du nicht stoßen. Tao ist kein Ding. Tao ist Prinzip oder Gesetz. Tao bedeutet Wie.

Alles geschieht gemäß Tao, aber Tao selbst ruht in sich. Tao ist weder Materie noch Prozeß.

Tao bildet das Gesetz aller Dinge und Ereignisse. Tao ist die Grundlage der gesamten Schöpfung.

Die Schöpfung umfaßt Materie und Geschehen; beides sind Schwingungen — Gegensätze, die sich unterschiedlich ergänzen oder widersprechen.

Jede Materie und alles Geschehen — sich ergänzend oder widersprechend, harmonisch oder turbulent — entsteht und schwindet nach dem Gesetz des Tao.

Aber Tao ist weder Schwingung noch Laut. Tao weist keine Gegensätze auf. Tao ist Einheit.

Am Anfang war Tao. Keiner erschuf Tao — niemand erschuf Gott.

5
Gleichberechtigung

Das Naturgesetz verhält sich unparteiisch. Keiner entkommt den Folgen seines eigenen Verhaltens. Menschliche Schwächen sind keine Entschuldigung.

Der kluge Gruppenleiter versucht niemanden vor sich selbst zu schützen. Das Licht der Erkenntnis leuchtet gleichwertig über Erfreulichem und Unangenehmem.

Der Mensch ist nicht wertvoller als die übrige Schöpfung — allem liegt dasselbe Urprinzip zugrunde.

Weder eine Person noch ein Volk sind jemals «besser» als die übrigen Menschen. Stets findet sich dasselbe Urprinzip. Jeder ist gleichwertig. Warum also irgend jemand oder irgend etwas bevorzugen?

Überall zeigt sich die Gültigkeit dieses Gesetzes. Weil sich Gott nicht als Materie offenbart, bedeutet dies keineswegs, Gott als «Nichts» zu betrachten. Etwas Demut täte hier nur gut.

Weil er um diese Dinge weiß, gibt der Gruppenleiter niemals vor, etwas Besonderes zu sein. Er redet nicht über andere und disputiert keine Theorien und deren Gültigkeit.

Stille ist ein mächtiger Quell der Kraft.

6
Der Teich im Tal

Kannst du lernen, offen und empfänglich zu sein, ruhig und wunschlos, ohne Bedürfnis nach Tätigkeit?

Das Offene und Empfängliche bezeichnen wir als *Yin*, das Weibliche oder das Tal.

Stell dir in diesem Tal einen Teich vor. Weder von Ängsten noch von Wünschen aufgewühlt, bildet die Oberfläche seines Wassers einen wunderbaren, makellosen Spiegel.

Auf dieser Oberfläche widerspiegelt sich Tao. Du kannst dort Gott und die Schöpfung wahrnehmen.

Begib dich in dieses Tal, sei ruhig, und beobachte den Teich. Geh so oft dorthin, wie es dich danach verlangt. Deine innere Ruhe wird wachsen. Der Teich wird nie austrocknen.

Das Tal, der Teich und Tao finden sich in dir selbst.

7
Selbstlosigkeit

Wahres Selbstinteresse lehrt Selbstlosigkeit.

Himmel und Erde bestehen, weil sie nicht eigennützig sind, sondern der gesamten Schöpfung dienen.

Der kluge Gruppenleiter weiß um diese Tatsache; er hält seine Ichbezogenheit in Schranken und handelt auf diese Weise um so wirksamer.

Erleuchtetes Führen bedeutet Hingabe, niemals Eigennutz. Die Arbeit des Gruppenleiters erstarkt, indem er die Förderung der andern über sein eigenes Wohlergehen stellt.

Ein Paradoxon: Der Gruppenleiter erhöht sein Selbst durch Selbstlosigkeit.

8
Wasser

Der kluge Gruppenleiter verhält sich wie Wasser.

Überlege dir die Eigenschaften von Wasser: Es reinigt und erfrischt ausnahmslos jeden und ohne zu urteilen. Wasser dringt unter die Oberfläche der Dinge. Fließend und offen, widersetzt es sich nie dem Urprinzip.

Betrachte nun den Gruppenleiter: Er arbeitet überall, ohne sich zu beklagen, mit allen Menschen und aufgrund jeder Ausgangssituation. Der Gruppenleiter handelt zum Wohle aller; er verrichtet seine Arbeit gut, ungeachtet der Entlöhnung. Er drückt sich in einfachen und ehrlichen Worten aus und greift nur dort ein, wo es zu klären oder zu harmonisieren gilt.

Indem er die Bewegungen des Wassers beobachtet, erkennt der Gruppenleiter die Zeit als wirkende Kraft.

Der Gruppenleiter ist anpassungsfähig wie das Wasser. Da er keinen Zwang ausübt, entwickeln sich innerhalb der Gruppe weder Unmut noch Widerstand.

9
Eine gute Gruppe

Eine gute Gruppe ist besser als eine spektakuläre Gruppe.

Wenn sich Gruppenleiter zu Superstars wandeln, stellt ihre Person alles andere in den Schatten. Die eigentliche Lehrtätigkeit tritt in den Hintergrund.

Nur sehr wenige Superstars stehen gefestigt in der Realität des Alltags. Berühmtheit erzeugt weiteren Ruhm, und alsbald nimmt die Selbstbegeisterung überhand. Verlust des Zentriertseins und Zusammenbruch sind die Folgen.

Der kluge Gruppenleiter sorgt für gute Arbeit und zieht sich dann zurück. Er beansprucht die Verdienste um das Geschehen nicht für sich allein — Ruhm ist ihm kein Bedürfnis.

Ein bescheidenes Ich zeugt von Weisheit.

10
Führung ohne Vorurteil

Vermagst du Gefühle auszudrücken, ohne Partei zu ergreifen?

Gelingt es dir, auch bei großer Angst oder im Falle leidenschaftlicher Wünsche, frei zu atmen und entspannt zu bleiben?

Sind deine persönlichen Konflikte geklärt — lebst du in Wahrhaftigkeit?

Weißt du mit allen freundlich umzugehen, und vermagst du die Gruppe zu leiten, ohne zu herrschen?

Bleibst du offen und empfänglich — was immer dies auch zur Folge haben mag?

Erkennst du den nächsten Schritt innerhalb eines Entwicklungsprozesses, und gelingt es dir, Ruhe zu bewahren, während andere diesen Prozeß erst entdecken?

Lerne aufbauend zu führen.
Lerne frei zu führen, ohne besitzergreifend zu sein.
Lerne hilfreich zu handeln, ohne Anspruch auf Verdienste zu erheben.
Lerne zu führen, ohne Zwang auszuüben.

All dies gelingt dir, falls du unvoreingenommenen, klar und realistisch bleibst.

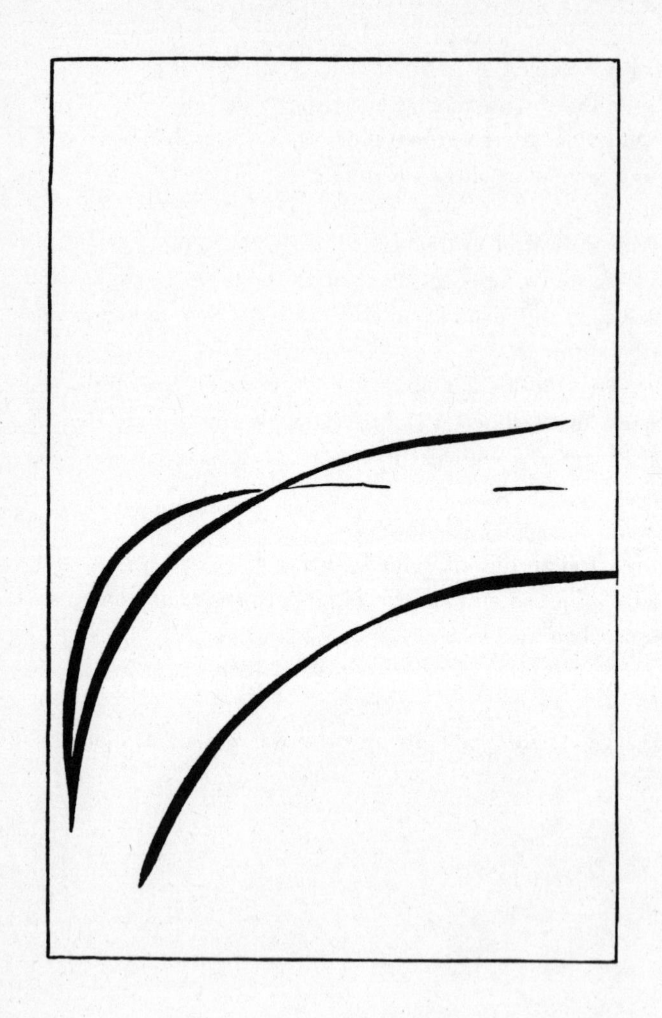

11
Wirklichkeit

Achte auf die Stille! Was geschieht, wenn sich in einer Gruppe nichts ereignet? Das ist die Wirklichkeit der Gruppe.

Dreizehn Menschen sitzen im Kreis versammelt, aber nicht sie, sondern das Klima oder der Geist im Zentrum dieses Kreises — und somit das Nicht-Geschehen — bestimmen die Natur der Gruppenarbeit.

Lerne die Leere — das Nichts — zu erfassen. Wenn du ein leeres Haus betrittst, vermagst du den dortigen Geist zu spüren? Mit einer Vase oder einem Topf verhält es sich gleich: Lerne dessen innere Leere zu verstehen, denn sie ist es, die dem Gefäß Brauchbarkeit verleiht.

Sprache und Bewegung vermitteln der Gruppe Form und Inhalt.

Stille und Leere jedoch offenbaren die wahre Stimmung der Gruppe — den Zusammenhang allen Geschehens.

12
Zeit für Betrachtungen

Endloses Tätigsein innerhalb einer Gruppe umwölkt das Bewußtsein. Zuviel Lärm überwältigt die Sinne. Unaufhörliche Eindrücke trüben jedes echte Verständnis.

Ersetze den Lernprozeß nicht durch Effekthascherei.

Nimm dir regelmäßig Zeit für ruhige Betrachtungen. Gehe in dich und überdenke das jeweilige Geschehen. Laß die Sinne ruhen, laß die Stille auf dich einwirken.

Zeige den Menschen, wie sie sich von überflüssigem Geschwätz und fixen Ideen befreien können. Lehre sie, die eigenen Körperfunktionen wahrzunehmen; in jeder Situation.

Gruppenteilnehmer, die Zeit für Betrachtungen finden, erkennen deutlich das Wesentliche — bei sich selbst und bei den andern.

13
Erfolg

Wer Lob und Kritik zum Maßstab des eigenen Erfolgs macht, schafft sich endlose Sorgen.

Anerkennung oder durch Arbeit erlangter Ruhm können für die weitere Entwicklung hinderlich sein.

Berühmt zu sein ist ebenso beschwerlich wie die Fähigkeit, mit sich und seinen Eigenschaften richtig umzugehen.

Welche Probleme haben Lob und Kritik im Gefolge?

Falls dir der Beifall deiner Gruppe gefällt, wirst du dich sorgen, sobald der Applaus etwas bescheidener ausfällt. Kritik, Zweifel oder Klagen von seiten der Gruppe verletzen dich. Du bist bekümmert und abhängig.

Wie kann ein guter Ruf zum Hindernis werden?

Anerkennung beruht zumeist auf guter Leistung. Sobald du jedoch Anerkennung und guten Ruf bewußt zu pflegen beginnst, verlierst du jene Freiheit und Offenheit, die für eine Weiterentwicklung unerläßlich sind.

Wie verhalten sich Ruhm und Selbsteinschätzung zueinander?

Um gute Arbeit zu leisten, mußt du dich selbst richtig kennen. Es gilt, sich selber einzuschätzen und sich von andern beurteilen zu lassen. Sobald du dich aber zu sehr in den Mittelpunkt stellst, wirst du egozentrisch. Übertriebene Ichbezogenheit schadet dem Selbst und der Arbeit.

Wenn du mit dir und deinem Erfolg richtig umzugehen weißt, vermagst du den Erfolg anderer zu fördern.

14
Erkennen, was geschieht

Versuche nicht um jeden Preis festzustellen, was innerhalb einer Gruppe vor sich geht. Entspanne dich und schaue gelassen mit deinem inneren Auge.

Falls du eine Aussage nicht begreifst, so bemühe dich nicht endlos. Sammle dich, und «höre» mit deinem tiefsten Innern — mit deinem wahren Selbst.

Wenn dich gewisse Äußerungen oder Ereignisse aus der Fassung bringen, dann ringe nicht um eine Erklärung. Halt ein und beruhige dich. Dem Gelassenen werden auch komplizierte Zusammenhänge durchschaubar.

Um zu erkennen, was geschieht, dränge weniger, sei offen und bewußt. Beobachte ruhig und aufmerksam — höre still und entspannt zu. Laß Intuition und Überlegung walten — versuche nicht, den Dingen um jeden Preis auf die Spur zu kommen.

Je gelassener du bist, je offener und empfänglicher du wirst, desto müheloser erkennst du, was geschieht.

Konzentriere dein Bewußtsein auf die Gegenwart. Das Heute liegt näher als Erinnerungen oder Zukunftsphantasien.

Achte deshalb auf das Geschehen im Hier und Jetzt.

15
Die Lehrer des Gruppenleiters

Sie übten sich in Meditation. Die Meditation ließ sie den Verlauf der Dinge erkennen. Die Meditation ließ sie im Unendlichen verwurzelt sein. Deshalb erweckten sie gelegentlich den Eindruck von Unergründlichkeit oder gar Größe.

Ihre Führung beruhte nicht auf Techniken oder Effekthascherei, sondern auf Ruhe und Achtsamkeit.

Sie gingen mit Würde und Bewußtsein vor; komplizierte Situationen verstanden sie sicher zu überwinden.

Bedachtsamkeit war ihnen eigen. Sie verletzten niemand. Sie benahmen sich höflich und ruhig — wie Gäste. Sie wußten taktvoll auf den andern einzugehen. Sie verhielten sich natürlich und unauffällig.

Ihr Wesen war offen und zugänglich.

Sie verstanden es, Ursache und Wirkung bestimmter Ereignisse aufzuzeigen, weil sie gleiches an sich selbst erfahren hatten. Sie wußten den Wesenskern des andern anzusprechen, da sie sich der eigenen Konflikte und Blockierungen bewußt waren.

Weil sie die Selbstsucht überwunden hatten, vermochten sie andern weiterzuhelfen.

Sie strebten nicht nach Erleuchtung, da sie bereits erleuchtet waren.

16
Das Ende der Selbstsucht

Gib jede Selbstsucht auf, um deinem wahren Ich näher zu kommen. Strebe nicht mehr nach Vollkommenheit, Reichtum, Sicherheit oder Bewunderung. Bemühungen dieser Art schränken nur ein. Sie blokkieren deine Vielseitigkeit.

Loslassen ist wie Sterben. Alles nimmt seinen Anfang, entwickelt sich und hat sein Ende. Auch du.

Wenn du stirbst, schwindet deine Selbstsucht. Du gehst in die Ganzheit der Schöpfung ein.

Mein höheres Selbst weiß, daß ich ohnehin mit der gesamten Schöpfung eins bin, die als Ganzes auf dem Urprinzip gründet.

Mit der Selbstsucht gebe ich auch die Illusion des Getrenntseins auf. Ich handle zugunsten des Ganzen. Ich erweise mir und den andern Gutes. Ich bin mit niemandem uneins. Ich lebe in Frieden. Weil ich dem Verlauf der Dinge keinen Widerstand entgegensetze, erschöpft sich meine Energie weniger.

Der Tod ängstigt mich nicht, weil ich loslassen kann und um die Unendlichkeit weiß.

17
Geburtshilfe leisten

Der kluge Gruppenleiter greift nicht unnötig ein. Seine Anwesenheit wird zwar wahrgenommen, aber oft übernimmt die Gruppe selbst die Führung.

Schwächere Gruppenleiter sind unermüdlich, erteilen eine Menge von Anordnungen, weisen eine Gefolgschaft auf und schaffen ganze Kulte.

Noch weniger Begabte setzen Angst und Macht ein, um die Gruppe anzuspornen und deren Widerstand zu brechen.

Nur die allerschwächsten Gruppenleiter wissen den schlechten Ruf nicht mehr von sich abzuwenden.

Sei dir stets bewußt, daß es den Entwicklungsprozeß eines andern Menschen zu fördern gilt. Es geht nicht um deine Entwicklung! Dräng dich nicht auf. Vermeide Zwang. Stell deine eigenen Bedürfnisse und Ansichten in den Hintergrund.

Falls du dem Entwicklungsprozeß eines Menschen kein Vertrauen entgegenbringst, wird dieser Mensch auch dir nicht vertrauen.

Stell Dir vor, du seist Geburtshelfer: Stehe bei, ohne viel Aufhebens zu machen. Unterstütze das tatsächliche Geschehen und hänge nicht subjektiven Vorstellungen nach. Falls du die Führung übernehmen mußt, dann tue dies zum Wohle der Gebärenden — offen und verantwortungsbewußt.

Die wahre Leistung liegt ohnehin im Geburtsvorgang selbst. Mutter und Kind sind gleichermaßen daran beteiligt.

18
Parteiisches Verhalten

Denke stets an das Urprinzip: in ihm wurzelt alles Geschehen.

Falls dieses Urprinzip verlorengeht und der meditative Gesichtspunkt keine Beachtung mehr findet, verstrickt sich die Gruppe in intellektuelle Diskussionen und Mutmaßungen über den möglichen Verlauf der Entwicklung. Man erörtert die verschiedensten Techniken, und alsbald herrscht eine streitsüchtige und bedrückte Stimmung.

Wer den Pfad des klaren Bewußtseins verläßt, gerät ins Labyrinth der Wendigkeit, Rivalität und Anpassung.

Wenn ein Mensch die umfassende Einheit der Schöpfung vergißt, konzentriert er sich auf kleinere Gruppierungen wie Familie, Sportverein oder Arbeitgeber.

Nationalismus, Rassismus, Klassendünkel und Sexismus wurzeln im Verlust des Bewußtseins der Einheit. Parteiisches Verhalten ist die Folge.

19
Selbstverbesserung

Vergiß all die klugen Techniken und Selbstverbesserungsprogramme — niemand wird sie ernsthaft vermissen!

Versprich niemandem Heilung und Wohlbefinden; erwecke keine Hoffnungen auf die Vermittlung vernünftiger, schöner oder menschenwürdiger Lebensführung. Biete keine Programme an, die an das Ego appellieren: Programme, die zeigen, wie man reich, mächtig und sexy wird — die aber auch gierig, paranoid und manipulierbar machen.

Kein Lehrer vermag Glück, Erfolg, Gesundheit oder Macht zu vermitteln. Keine Techniken oder Regeln können diese Qualitäten verstärken.

Wer sich selbst verbessern will, versuche es mit innerer Stille oder mit anderen Formen geistiger Reinigung. So wird nach und nach das wahre, selbstlose Ich zutage treten.

20
Überlieferte Weisheit

Unsere Aufgabe ist es, den Lauf der Dinge zu erleichtern und Konflikte zu klären. Diese Fähigkeit beruht weniger auf formaler Schulbildung als auf Vernunft und überlieferter Weisheit.

Der qualifizierte Gruppenleiter neigt oft dazu, im Sinne der erlernten theoretischen Modelle zu reagieren. Es ist jedoch empfehlenswerter, direkt auf das Geschehen im Hier und Jetzt einzugehen.

Vergewissere dich, daß sich jedes deiner Arbeitsmodelle mit der überlieferten Weisheit vereinbaren läßt: achte jede Religion und deren Schriften.

Die meisten Menschen sind tätig, um ihre persönlichen Wünsche befriedigen zu können. Sie glauben, daß ihnen die ganze Welt zu Diensten stünde. Aber der kluge Gruppenleiter dient den andern und lebt verhältnismäßig wunschlos.

Die Mehrzahl der Menschen wird von unstillbaren Bedürfnissen gequält, während sich der kluge Gruppenleiter mit relativ wenig begnügt. Die meisten Menschen führen ein geschäftiges Leben, aber der kluge Gruppenleiter verhält sich ruhig und besonnen. Die meisten Menschen suchen Anregung und Ungewöhnliches: der kluge Gruppenleiter zieht jedoch das Alltägliche und Natürliche vor.

Zufriedenheit erlaubt eine einfache Lebensführung. Das Gemeinsame ist allumfassend. Das Natürliche findet sich nahe dem Schöpfungsquell.

So zeigt sich überlieferte Weisheit.

21
Tao ist allumfassend

Kraft und Wirksamkeit beruhen auf dem Gesetz der Schöpfung. Nichts ersetzt das Wissen um den Lauf der Dinge und das entsprechende Vorgehen.

Man mag diesen Gedanken akzeptieren oder nicht: Alles wurzelt im Urprinzip, dem Bauplan allen Geschehens.

Jede Kraft entspringt dem bewußten oder unbewußten Zusammenwirken mit dem Urprinzip.

Das Urprinzip offenbart sich überall und jederzeit.

Jede Form von Geburt, Wachstum und Tod, die sich gestern, heute oder morgen vollzieht, ist in diesem Gesetz des Seins verankert.

Gewiß treten im Verlauf der Zeit neue Manifestationen in Erscheinung, aber sie entsprechen stets demselben Urprinzip.

Wie erkenne ich, daß Tao allumfassend ist?

Diese Frage kann ich nicht vernunftmäßig beantworten. Ich schweige und horche auf Gott: die Antwort wird nicht ausbleiben.

22
Die Paradoxie des Loslassens

Wenn ich von dem loslasse, was ich bin, werde ich zu dem, was ich sein könnte. Wenn ich meinen Besitz nicht länger festhalte, erhalte ich, was ich benötige.

Es gibt sogenannte weibliche oder *Yin*-Paradoxien:

- Nachgiebigkeit verschafft Ausdauer
- Der leere Raum ist ausgefüllt
- Wenn ich gebe, erhalte ich
- Wenn ich zutiefst niedergeschlagen bin, erstarke ich
- Wenn ich nichts begehre, fällt mir vieles zu

Hast du je um Arbeit oder Liebe gerungen, schließlich den Kampf aufgegeben und festgestellt, daß beide plötzlich vorhanden waren?

Möchtest du frei und unabhängig sein? Füge dich dem Gesetz Gottes, es bestimmt ohnehin alles.

Wenn ich die Gruppe nicht mehr zu beeindrucken suche, wird mein Handeln äußerst eindrucksvoll. Versuche ich mich jedoch ins beste Licht zu rücken, so erkennt man mein Streben und mißbilligt es.

Ich erbringe dann mein Bestes, wenn ich meinen eigenen Standpunkt vergesse; je weniger ich meine Person in den Vordergrund stelle, desto bedeutender bin ich.

Wenn ich bei meiner Arbeit die Wünsche der andern gelten lasse, stoße ich auf keinen Widerstand.

Dies ist die Weisheit des Weiblichen: Loslassen, um ans Ziel zu gelangen.

Das Vorgehen des klugen Gruppenleiters zeigt dies.

23
Schweigen

Der kluge Gruppenleiter spricht selten und wenig. Schließlich fließt kein natürlicher Quell ununterbrochen. Auch der Regen hört einmal auf, und nach dem Donner herrscht Stille.

Der Gruppenleiter unterrichtet mehr durch das Sein als durch das Vorgehen. Die Qualität unseres Schweigens übermittelt mehr als lange Reden.

Schweige. Folge deiner inneren Weisheit. Sie zu ergründen, erfordert Stille.

Ein Gruppenleiter, der zu schweigen und tief zu empfinden weiß, wird mit hoher Wahrscheinlichkeit erfolgreich arbeiten. Wer andauernd redet, prahlt und seine Umgebung zu beeindrucken sucht ist nicht zentriert. Es kommt ihm nur geringe Bedeutung zu.

Tao übt seine Wirkung für jene aus, die den Weg des Tao beschreiten. Gott dient jenen, die ihm dienen. Wer mit dem Urprinzip in Berührung steht, kann bewußt damit arbeiten.

Bewußt nach dem Urprinzip handeln, heißt wirkungsvoll vorgehen. Bloße Ichbezogenheit oder Effekthascherei bringt nichts Gutes.

Den Lauf der Dinge bewußt wahrzunehmen, ist die Methode. Denke darüber nach. Schweige.

Was empfindest du in deinem Innersten?

24
Sei gelassen

Allzugroßes Bemühen hat unerwartete Ergebnisse zur Folge:

- Dem aufdringlichen Gruppenleiter mangelt es an Beständigkeit
- Wer die Dinge zu überstürzen sucht, erreicht nichts
- Der Erleuchtete strebt nicht nach Überlegenheit
- Unsichere Gruppenleiter versuchen sich selbst in den Vordergrund zu stellen
- Schwache Gruppenleiter ziehen Nutzen aus ihrer Stellung
- Es ist nicht sehr weise, die eigene Vollkommenheit hervorzuheben

All diese Verhaltensweisen beruhen auf Unsicherheit, die sie geradezu nähren. Der Arbeit nützen sie nichts; sie dienen auch nicht der Gesundheit des Gruppenleiters.

Ein Gruppenleiter, der um den Lauf der Dinge weiß, meidet ein solches Verhalten.

Bedenke:

Wenn du dich so hoch einschätzest, mit wem vergleichst du dich? Mit Gott? Oder mit deiner eigenen Unsicherheit?

Du möchtest berühmt sein? Ruhm wird dein Leben erschweren und die Klarheit deines Tuns aufs Spiel setzen.

Strebst du nach Geld? Das Bemühen um Reichtum raubt dir deine Zeit.

Jede Form von Ichbezogenheit oder Eigennutz verdunkelt dein höheres Selbst und macht dich dem Lauf der Dinge gegenüber blind.

25
Was Tao ist — und was es nicht ist

Was Tao nicht ist:

- Es ist kein Gegenstand
- Es ist weder ein Laut noch irgendeine andere Schwingung
- Es ist nicht teilbar
- Es verändert sich nicht
- Es kann weder geschwächt noch gestärkt werden
- Es gibt nichts Gleichwertiges und keine Ergänzung

Was Tao ist:

- Es ist Eins; es ist Einheit
- Es bestimmt alles
- Es steht immer an erster Stelle
- Es bildet das allem zugrundeliegende Gesetz

Der klarste und wohl hilfreichste Begriff für Tao ist das Wort *wie*, denn Tao umfaßt das Urprinzip allen Geschehens. Es bestimmt, wie etwas geschieht.

Erinnere Dich: Tao weist weder Form noch Eigenschaften auf, und dennoch findet es sich überall, jederzeit und immer.

Stell dir vier Stufen der Unendlichkeit vor: In einem gewissen Sinne sind die Menschen unendlich, ebenso die Erde und der Kosmos. Auch Tao ist unendlich. Obgleich jeder einzelne auf seine Art unendlich ist, bleibt der Mensch von der Erde abhängig, diese wiederum vom Kosmos und der Kosmos selbst von Tao.

Nur Tao ist von nichts abhängig.

26
Zentriert und geerdet

Der zentrierte und geerdete Gruppenleiter weiß mit launischen Menschen und schwierigen Gruppen unbeschadet zu verfahren.

Zentriert sein heißt die Fähigkeit besitzen, das eigene Gleichgewicht wiederzuerlangen — auch mitten im Tun. Ein zentrierter Mensch unterliegt weder Launen noch plötzlichen Erregungszuständen.

Geerdet sein bedeutet, mit beiden Füßen fest auf der Erde stehen. Ich weiß, wo ich stehe, und ich weiß, wofür ich einstehe: dies nennt man geerdet sein.

Der zentrierte und geerdete Gruppenleiter verfügt über Beständigkeit und Selbstwertgefühl.

Wer als Gruppenleiter nicht gefestigt ist, läßt sich leicht mitreißen — Fehlurteile oder sogar Krankheit sind die Folgen.

27
Über Techniken erhaben

Ein erfahrener Reisender ist nicht auf Pauschaltourismus angewiesen, um sicher ans Ziel zu gelangen.

Ein guter Redner macht in der Politik weder Versprechen, noch stellt er sich den Auffassungen seiner Zuhörer entgegen.

Ein kluger Mathematiker setzt nicht für jede Problemlösung den Computer ein.

Ein sicheres Heim weist nicht überall Riegel, Schlösser und Alarmanlagen auf — dennoch vermag kein Dieb einzudringen.

Die Fähigkeit des weisen Gruppenleiters beruht nicht auf Techniken, Tricks oder einstudierten Übungen. Den Lauf der Dinge bewußt wahrzunehmen ist eine Methode, die sich bei allen Menschen und in jeder Situation bewährt.

Der persönliche Bewußtseinszustand des Gruppenleiters bewirkt ein Klima der Offenheit. Zentriert und geerdet, verfügt er über Charakterfestigkeit, Anpassungsfähigkeit und Ausdauer.

Weil der Gruppenleiter die Dinge klar erfaßt, vermag er anderen Klarheit zu verschaffen.

Die Gruppe benötigt einen Leiter; er führt und fördert sie. Der Gruppenleiter benötigt Menschen, um mit ihnen zu arbeiten, Menschen, die es zu betreuen gilt. Wenn beide die Unerläßlichkeit gegenseitiger Liebe und wechselseitigen Respekts nicht wahrnehmen, hat das Ganze wenig Sinn.

Beide verpassen das Schöpferische in der Lehrer-Schüler-Beziehung. Sie erkennen den Lauf der Dinge nicht.

28
Ein Krieger, ein Heiler und Tao

Der Gruppenleiter kann als Krieger oder als Heiler tätig sein.

Als Krieger geht der Gruppenleiter mit Kraft und Entschlossenheit vor. Darin offenbart sich *Yang* oder der männliche Aspekt der Führung.

Zumeist handelt der Gruppenleiter jedoch als Heiler; dann befindet er sich in einem offenen, empfänglichen und zugleich hingabefähigen Zustand. Hier offenbart sich *Yin*, der weibliche Aspekt der Führung.

Diese Mischung aus Handeln und Sein, wie sie sich im Krieger und im Heiler offenbart, ist zugleich schöpferisch und wirksam.

Es gibt noch einen dritten Aspekt der Führung: Tao. Der Gruppenleiter zieht sich regelmäßig von der Gruppe zurück und wendet sich der Stille und Gott zu.

Sein, Handeln, Sein — dann Tao. Ich ziehe mich zurück, um mich des bisherigen Geschehens zu entledigen und meinen Geist neu zu formieren.

Ein hervorragender Krieger greift nicht überall ein, selbst wenn ihm dies mit Erfolg möglich wäre. Ein wissender Heiler nimmt sich Zeit, um sowohl sich selbst, als auch die anderen zu stärken.

Solche Einfachheit und Handhabung sind eine wertvolle Lektion. Die Gruppe wird dadurch tief berührt.

Ein Gruppenleiter, der weiß, wann er zuhören, wann er handeln und wann er sich zurückziehen muß, vermag mit nahezu allen wirkungsvoll zu arbeiten; selbst mit anderen Professionellen wie Gruppenleiter oder Therapeuten, die möglicherweise zu den schwierigsten und anspruchsvollsten Gruppenteilnehmern gehören.

Weil der Gruppenleiter klar ist, verläuft die Arbeit elegant und taktvoll, und niemand wird in seinen Gefühlen verletzt.

29
Die Paradoxie des Forderns

Zuviel Forderungen führen zum Fehlschlag. Ununterbrochenes Eingreifen und Antreiben tragen nicht zur Entwicklung einer guten Gruppe bei. Es richtet eine Gruppe zugrunde.

Auch der beste Entwicklungsprozeß innerhalb einer Gruppe ist eine empfindliche Angelegenheit, die Rücksicht erfordert. Argumente oder Kampf führen zu nichts.

Ein Gruppenleiter, der seine Leute mit Gewalt zu führen sucht, begreift den Mechanismus des Gruppenverhaltens nicht. Gewalt kostet ihn die Unterstützung seiner Gruppenmitglieder.

Gruppenleiter, die drängen, meinen auf diese Weise den Lauf der Dinge zu beschleunigen — in Wirklichkeit blockieren sie ihn.

Sie glauben, mit ihrem Drängen bei der Gruppe innere Bereitschaft zu bewirken, während sie deren Zusammenhalt und Kreativität zerstören.

Sie bewerten ihr stetes Eingreifen als Maß der eigenen Fähigkeiten, während es bloß von unreifem und unangebrachtem Verhalten zeugt.

Sie glauben, daß ihnen die Stellung als Gruppenleiter unbeschränkte Autorität verleihe — mit ihrem Verhalten untergraben sie jedoch bloß den Respekt der Gruppe.

Der weise Gruppenleiter ist zentriert und geerdet; um wirkungsvoll zu arbeiten, setzt er so wenig Druck als möglich ein. Er vermeidet Ichbezogenheit und betont mehr das Sein als das Tun.

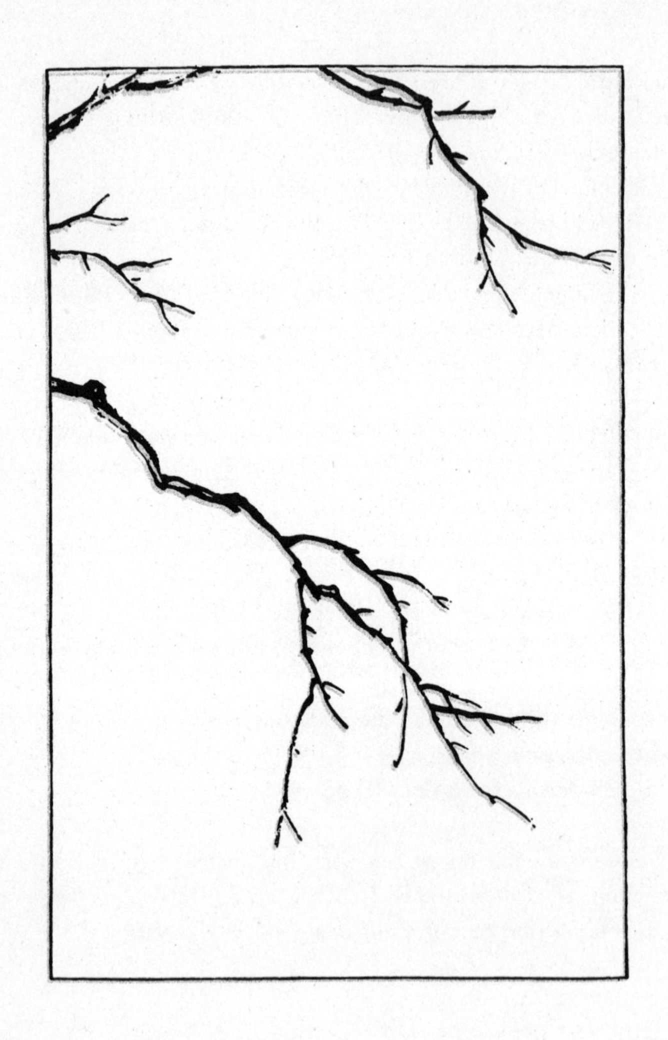

30
Gewalt und Konflikt

Ein Gruppenleiter, der um den Lauf der Dinge weiß, wendet so wenig Druck als möglich an und leitet die Gruppe, ohne sie zu drängen.

Wenn Gewalt im Spiel ist, folgen Konflikte und Auseinandersetzungen. Das tragende Innere der Gruppe verliert seine Form. Das Klima ist weder offen noch fördernd — man ist sich feindlich gesinnt.

Der kluge Gruppenleiter weiß die Entwicklung innerhalb der Gruppe ohne Kampf zu steuern. Seine Anordnungen erfolgen zwanglos. Er meidet Angriff und Verteidigung.

Erinnere dich: Bewußtsein, nicht Selbstsucht, bildet sowohl das Lehrmittel als auch die Lehre selbst.

Die Gruppe lehnt das Ego eines ichbezogenen Gruppenleiters ab. Wer selbstlos und harmonisch zu führen weiß, stärkt damit seine eigene Position.

31
Hartes Eingreifen

Gelegentlich gewinnt man den Eindruck, kräftig, unmittelbar und sogar hart eingreifen zu müssen. Der kluge Gruppenleiter tut dies aber nur, falls alle anderen Mittel versagen.

In der Regel fühlt sich der Gruppenleiter besser, wenn die Gruppenarbeit fließend und natürlich verläuft. Dabei überwiegen die sanften Korrekturen das harte Eingreifen bei weitem.

Hartes Eingreifen legt gelegentlich den Verdacht nahe, daß der Gruppenleiter unzentriert oder dem Geschehen gegenüber gefühlsmäßig unfrei sein könnte. Hier ist besondere Aufmerksamkeit geboten.

Selbst wenn hartes Eingreifen von Erfolg gekrönt wird, besteht kein Grund zur Bewunderung. Jemand ist dabei in seinem Entwicklungsprozeß verletzt worden.

Dies kann zur Folge haben, daß sich der Verletzte weniger offen verhält und sich vermehrt auf Selbstverteidigung konzentriert. Er wird härteren Widerstand leisten und möglicherweise Groll entwickeln.

Leute zu manipulieren führt weder zu Klarheit noch zu Bewußtsein. Während die Gruppenteilnehmer die Anweisungen zerknirscht befolgen, werden sie zunehmend verworrener und beginnen auf Rache zu sinnen.

Auf diese Weise wird jeder Sieg zur Niederlage.

32
Einheit

Tao läßt sich nicht beschreiben. Man kann es nur als das Urprinzip bezeichnen, das jedem Geschehen und allen Dingen zugrunde liegt.

Wenn der Gruppenleiter auf dieses Urprinzip Rücksicht nimmt und unbedeutendere Theorien gar nicht beachtet, bringen ihm die Gruppenteilnehmer Vertrauen entgegen. Weil er allem Geschehen gleichviel Beachtung schenkt, wird die Gruppe nicht durch Vorurteile gespalten. Es herrscht Einheit.

Da die Gruppenarbeit auf unverkennbarer und natürlicher Aufrichtigkeit beruht, sind weder Gesetze noch Regeln nötig, um das Verhalten der Leute zu bestimmen.

Auch wenn das Urprinzip nicht näher erklärbar ist, kann das Geschehen innerhalb einer Gruppe dennoch umschrieben werden. Wir sprechen in diesem Zusammenhang von Gestaltung, von Polaritäten, von Fluß und Blockierung, von Eingriffen, die hindern oder fördern usw.

Allzuviel Theorie lenkt jedoch die Gruppe vom Lauf der Dinge — vom eigentlichen Prozeß — ab. Über den Prozeß zu diskutieren, führt zu dessen Blockierung und zur Minderung der Gruppenenergie.

Falls letzteres geschieht, ruft sich der kluge Gruppenleiter einmal mehr den Verlauf des Geschehens ins Bewußtsein und damit jenes Urprinzip, das allem zugrunde liegt.

Auf die Dauer trägt das Sich-Konzentrieren auf das Urprinzip am meisten zu einer erfolgreichen Führung bei. Diese Verbundenheit mit dem Urprinzip lehrt uns den Lauf der Dinge erkennen.

33
Innere Hilfsquellen

Das Verhalten anderer zu durchschauen erfordert Intelligenz. Sich selbst zu kennen setzt jedoch Weisheit voraus.

Das Leben anderer zu führen erfordert Kraft. Sein eigenes Leben zu führen verlangt Energie.

Wenn ich mit dem, was ich besitze, zufrieden bin, vermag ich ohne großen Aufwand zu leben; ich kann mich des Wohlergehens und der Freizeit erfreuen.

Wenn meine Ziele klar sind, erreiche ich sie ohne übertriebene Geschäftigkeit.

Wenn ich mit mir selbst in Frieden lebe, erschöpfe ich meine Lebenskraft nicht durch Konflikte.

Wenn ich gelernt habe, loszulassen, brauche ich den Tod nicht zu fürchten.

34
Allumfassend

Das Urprinzip findet sich überall und jederzeit. Alles wird von ihm bestimmt. Alles Leben entfaltet sich nach seinem Gesetz. Das Urprinzip verweigert sich keinem.

Obwohl Tao den Quell aller Entwicklung und Entfaltung bildet, bleibt es selbstlos. Tao nützt jedem, ohne Gegengabe und ohne Vorurteil.

Das Urprinzip kann auch nie als Privatbesitz betrachtet werden. Es gehört niemandem — und niemand gehört ihm.

Seine Größe liegt in seiner Allgemeingültigkeit. Es ist allumfassend.

Der kluge Gruppenleiter beachtet dieses Urprinzip und handelt selbstlos. Er lehnt niemanden ab — er arbeitet mit allen. Der Gruppenleiter verhält sich nie besitzergreifend, er läßt jedem seine Freiheit. Führen ist keine Angelegenheit des Siegens.

Er arbeitet, um den Lauf der Dinge ins Licht des Bewußtseins zu rücken: ein selbstloser Dienst, ohne Vorbehalte, allen zugänglich.

35
Bleib beim Einfachen

Laß dich nicht vom Gruppenprozeß mitreißen.

Halte dich an das Urprinzip. Auf diese Weise vermagst du gute Arbeit zu leisten und dich von Chaos und Konflikten freizuhalten. Du bist dann jeder Situation gewachsen.

Der oberflächliche Gruppenleiter nimmt den Lauf der Dinge nicht wahr, selbst wenn sich dieser überall offenbart. Dramatik, Sensation und Begeisterung überrollen ihn. Ein solches Durcheinander macht blind.

Ein Gruppenleiter, der sich immer und immer wieder den Verlauf des Geschehens bewußt in Erinnerung ruft, gewinnt ein tiefes Verständnis für die Zusammenhänge. Er arbeitet mühelos und ohne Blockierungen innerhalb der Gruppe. Auch nach vollendeter Arbeit ist er nach wie vor in guter Stimmung.

36
Polarität und Paradoxie

Jedes Verhalten enthält dessen Gegenteil:

· Aufgeblasenheit führt zum Zusammenbruch
· Machtdemonstration läßt auf Unsicherheit schließen
· Kein Aufstieg ohne Abstieg
· Wer gedeihen will, muß freigebig sein

Ebenso:

· Das Weibliche überdauert das Männliche
· Das Weibliche gewährt, das Männliche bewirkt
· Das Weibliche gibt sich hin, nimmt sich der Sache an und gewinnt

Und:

· Wasser ist stärker als Fels
· Geist bezwingt Kraft
· Das Schwache überwindet das Starke

Lerne, die Dinge umgekehrt zu sehen — stell alles auf den Kopf.

37
Geringer Aufwand

Die Tatsache, daß der fähige Gruppenleiter mit geringem Aufwand viel erreicht, verwirrt die Leute zunächst.

Aber der Gruppenleiter weiß, daß sich die Dinge auf diese Art und Weise entwickeln. Trotz alledem: Tao übt keine Wirkung aus, alles geschieht von selbst.

Wenn der Gruppenleiter allzuviel Aktivität entwickelt, wird es für ihn Zeit, sich in die selbstlose Stille zurückzuziehen.

Selbstlosigkeit vermittelt Zentriertheit.
Zentriertheit bewirkt Ordnung.
Wo Ordnung herrscht, genügt geringer Aufwand.

38
Fähigkeit zu führen

Die Fähigkeit zu führen beruht auf dem Bewußtsein um das Geschehen innerhalb der Gruppe und auf der entsprechenden Handlungsweise. Das spezifische Vorgehen ist dabei von geringerer Bedeutung als die klare Sicht des Gruppenleiters. Aus diesem Grund gibt es hiezu weder Übungen noch Erfolgsformeln.

Fähigkeit kann weder berechnet noch manipuliert werden. Sie ist auch keine Sache des äußeren Scheins.

Drei Beispiele sollen unterschiedliche Grade der Fähigkeit zur Gruppenführung aufzeigen:

1. Fähig: Bewußte, jedoch spontane Reaktion auf das Geschehen im Hier und Jetzt; keine Berechnung oder Manipulation.

2. Weniger fähig: Der Versuch zu tun, was richtig erscheint. Es handelt sich hier um berechnetes, auf Ordnung beruhendes Verhalten, ebenso um manipulierende, auf einem Szenario des Wunschdenkens basierende Führung.

3. Am wenigsten fähig: Moralisieren. Diese Form der aufgedrängten Moral beruht vollständig auf den Begriffen «erlaubt» und «nicht erlaubt». Sie ist sowohl berechnet als auch manipulierend. Widerstand zieht Bestrafung nach sich. Das tatsächliche Geschehen wird nicht hinterfragt. Oft führt diese Art der Führung zu Fehlschlägen.

Gruppenleiter, die den Anschluß an die wahren Geschehnisse verlieren, vermögen nicht spontan zu handeln. Aus diesem Grund versuchen sie, so vorzugehen, wie es ihnen passend erscheint. Falls dies keinen Erfolg zeigt, setzen sie oft Zwang ein.

Der kluge Gruppenleiter bemüht sich jedoch um innere und äußere Ruhe, sobald ihm der unmittelbare Anschluß an das Geschehen innerhalb der Gruppe entgleitet. Er unternimmt keinerlei Anstrengungen, bis er erneut über klare und bewußte Zusammenhänge verfügt.

39
Quell der Kraft

Naturereignisse sind zwingend, weil sie keinem Szenario unterworfen sind. Sie finden ganz einfach statt.

Studiere die natürlichen Prozesse: das Licht am Himmel, die Schwerkraft, die Entwicklung eigener Gedanken und Einsichten, die Leere des Alls, die Fülle des Lebens und das Wirken der Heiligen.

Stelle dir diese Beispiele von neurotischen oder ichbezogenen Qualitäten beherrscht vor: der Himmel flackert, die Schwerkraft verändert sich von einem Moment zum andern, unsere Gedanken sind sinnlos, das All ist von Unruhe erfüllt, das Leben verkümmert, Heilige sind nur leblose Schemen. Nichts funktioniert.

Der kluge Gruppenleiter handelt weder neurotisch noch ichbezogen. Fähigkeit beruht auf dem Wissen um das jeweilige Geschehen und auf dem entsprechenden Handeln. Paradoxerweise fußt Freiheit auf dem Gehorsam gegenüber der natürlichen Ordnung.

Da die gesamte Schöpfung ein Ganzes bildet, erweist sich die Getrenntheit als Illusion. Ob es uns gefällt oder nicht: Wir sind eine Gemeinschaft. Energie entsteht durch Zusammenarbeit, Unabhängigkeit durch Beistand und ein größeres Selbst durch Selbstlosigkeit.

40
Meditieren

Lerne zu deinem Selbst zurückzufinden.

Schweige: Was geschieht, wenn sich nichts ereignet?

Kannst du den Unterschied zwischen dem Was und dem Wie eines Geschehens erklären?

Spürst du, wie das Geschehen aus der Art und Weise des Geschehens selbst erwächst?

Prozeß ... und Urprinzip.

41
Störende Klugheit

Der weise Gruppenleiter, der den Lauf der Dinge erfaßt, lebt dementsprechend.

Der durchschnittliche Gruppenleiter weiß ebenfalls um den Lauf der Dinge; er verhält sich jedoch unstet. Heute handelt er im Sinne seiner Erkenntnis, morgen vergißt er sie.

Die unbegabtesten Gruppenleiter wissen zwar um den Lauf der Dinge, bezeichnen das Urprinzip jedoch als Unsinn. Wie könnte ihre Arbeit sonst so unzulänglich sein?

Schließlich behaupten sie, daß jedes Prinzip, das nicht zu Liebe, Geld oder Macht verhilft, sinnlos sei. Ein ruhiger Geist wird als töricht erachtet; Selbstlosigkeit bringt nichts. Tugend wird nur von Narren groß geschrieben; Freundlichkeit zeugt von Schwäche. Undsoweiter.

Hier zeigt sich ein Problem: Weil der weise Gruppenleiter einzig dem Lauf der Dinge verpflichtet ist — das heißt der Art und Weise, wie etwas geschieht —, bezeichnen jene, die solches nicht wahrnehmen, sein Verhalten als unrealistisch. Außerdem verwirrt sie das Schweigen und die Wesensart des Gruppenleiters. Da seine Motive ihnen unklar sind, ist er schwer einzuschätzen.

Das Problem fußt auf der Tatsache, daß das Urprinzip nicht als Ding definiert werden kann. Dadurch erscheint es gewissen Leuten als sinnlos.

Es ist nicht einfach, eine Person zu verstehen, deren Basis nicht erkennbar ist.

42
Der schöpferische Prozeß

Das Urprinzip ist kein Gegenstand. Bezeichne es als *Null.*

Das in die Tat umgesetzte Urprinzip bildet die Gesamtheit der Schöpfung. Diese Gesamtheit ist ein einziges Ganzes. Bezeichne es als *Eins.*

Schöpfung besteht aus zwei Polaritäten. Bezeichne dies als *Zwei.*

Die beiden Polaritäten werden schöpferisch, sobald sie aufeinander wirken. Ihre Wechselwirkung bildet das dritte Element. Bezeichne es als *Drei.*

Ein Mann und eine Frau sind zwei. Ihre Wechselwirkung, das dritte Element, bringt Kinder hervor. Das ist ein schöpferischer Vorgang. Auf diese Weise verhält sich die gesamte Schöpfung.

Der kluge Gruppenleiter weiß um die Polaritäten und deren Wechselwirkung. Er versteht schöpferisch zu sein.

Um führen zu können, lernt der Gruppenleiter, auf die Situation einzugehen. Um zu gedeihen, weiß er bescheiden zu leben. In beiden Fällen bildet die Wechselwirkung das schöpferische Element.

Führung, die nicht auf das Geschehen eingeht, bleibt leblos. Wer Reichtum anstrebt, indem er bloß anhäuft, verliert jegliche Freiheit: er ist Tag und Nacht mit seinem Ziel beschäftigt.

Einseitigkeit führt stets zu unerwarteten und widersprüchlichen Ergebnissen. Verteidigungsbereitschaft sichert keinen Schutz; sie mindert die Lebensqualität und hat möglicherweise Tod und Verderben zur Folge.

Es finden sich kaum Beispiele, die dieser überlieferten Erkenntnis nicht entsprechen würden.

43
Sanftes Eingreifen

Erfolgt das Eingreifen sanft aber klar, überwindet es auch harten Widerstand.

Falls Sanftheit nicht zum Ziel führt, zeige dich nachgiebig oder ziehe dich vollständig zurück. Wenn der Gruppenleiter nicht auf seinem Standpunkt beharrt, verringert sich der Widerstand.

Allgemein gesagt: Das Bewußtsein des Gruppenleiters sagt über das aktuelle Geschehen mehr aus als sämtliche Eingriffe oder Erläuterungen.

Nur wenige Gruppenleiter erkennen, mit wie wenig wieviel erreicht wird.

44
Besitzen oder besessen werden?

Tust du diese Arbeit, um anderen bei ihrer Entwicklung behilflich zu sein, oder möchtest du dadurch berühmt werden?

Was ist wichtiger: Mehr Besitz ansammeln oder bewußter werden?

Was funktioniert besser: Entgegennehmen oder loslassen?

Viel Besitz zieht Probleme nach sich. Stets mehr und mehr zu erhalten hat ebenfalls seine Tücken.

Je größere Besitztümer du dein eigen nennst, und je mehr du erhältst, um so größere Mengen hast du zu verlieren. Bedeutet dies nun besitzen oder besessen werden?

Wenn du jedoch materiellen Belangen keinen hohen Stellenwert mehr einräumst, brauchst du dein Leben nicht mehr in Sorge um deinen Besitz zu verbringen.

Versuche dich ruhig zu verhalten, um deine innere Sicherheit zu finden. Falls du diese erlangst, hast du jenen Punkt erreicht, den du ohnehin anstrebst. Dein Leben verläuft weniger gehetzt und ohne vorzeitigen Energieverschleiß.

45
Töricht erscheinen

Jenen Gruppenteilnehmern, die eine solche Führungsform nicht gewohnt sind, erscheint gerade die beste Arbeit oft absurd einfach. Und dennoch geschieht im Verlauf dieser Arbeit sehr viel.

Es mag den Anschein erwecken, als ob der Gruppenleiter bloß dasitzen würde und nichts anzufangen wüßte. Aber gerade sein Verzicht auf unnötiges Eingreifen ermöglicht der Gruppe ihre Entwicklung und eine sinnvolle Arbeit.

Möglicherweise erwarten enttäuschte Gruppenteilnehmer einen Experten, der zahllose tiefgründige Erklärungen abgibt. Aber was der Gruppenleiter zu sagen hat, ist bar jeder Mystik: seine Aussagen klingen banal. Selbst seine Ehrlichkeit scheint seltsamerweise Verwirrung zu stiften.

Es ist völlig bedeutungslos, töricht zu erscheinen. Wer kalt hat, erwärmt sich, indem er die Arme hin und her bewegt. Wer jedoch erhitzt ist, verharrt regungslos. Das ist vernünftig.

Die Ruhe des Gruppenleiters bezwingt die Erregung innerhalb der Gruppe. Sein Bewußtsein wirkt hier als wichtigstes Arbeitsinstrument.

46
Nichts zu gewinnen

Die gut geführte Gruppe ist kein Schlachtfeld für Egos. Natürlich taucht hin und wieder ein Konflikt auf, aber die freiwerdenden Energien wandeln sich zu schöpferischen Kräften.

Falls der Gruppenleiter den Verlauf des Geschehens aus den Augen verliert, nehmen Streitereien und Angst innerhalb der Gruppe zerstörerisch überhand.

Hier ist das eigene Verhalten maßgebend. Im Rahmen der Gruppenarbeit gibt es weder Gewinner noch Verlierer. Seinen Standpunkt zu verteidigen heißt noch lange nicht der Sache gerecht werden. Rechthaberei macht die Menschen blind.

Der kluge Gruppenleiter weiß, daß die Zufriedenheit mit dem Hier und Jetzt sehr viel wesentlicher ist, als jede Aufregung über theoretisch mögliche Ereignisse.

47
Hier und Jetzt

Der kluge Gruppenleiter weiß um die Ereignisse innerhalb der Gruppe, weil er sich des Geschehens im Hier und Jetzt bewußt ist. Dies umfaßt ein sehr viel größeres Potential als endloses Theoretisieren oder tiefschürfende Deutungen der jeweiligen Situation.

Ruhe, Klarheit und Bewußtsein sind in ihrer Wirkung bedeutend unmittelbarer als das Ausloten seelischer Verfassungen. Derartige Exkurse sind zwar anregend, aber sie lenken den Gruppenleiter und die Gruppe vom aktuellen Geschehen ab.

Mit seiner Präsenz und dem Bewußtsein um den Lauf der Dinge vermag der Gruppenleiter mit weniger Aktivität mehr zu erreichen.

48
Den Verstand befreien

Anfänger beschäftigen sich so eingehend mit neuen Theorien und Techniken, bis ihre Köpfe davon überfüllt sind.

Fortgeschrittene Schüler vergessen diese unzähligen Varianten. All die erlernten Theorien und Techniken treten bei ihnen in den Hintergrund.

Lerne deinen Verstand von Überhäufung zu befreien. Lerne deine Arbeit zu vereinfachen.

Je weniger du dich an den Lehrplan klammerst, desto unmittelbarer und wirkungsvoller erweist sich deine Arbeit. Du entdeckst, daß die Qualität deines Bewußtseins mehr Potential umfaßt als jede Technik, Theorie oder Interpretation.

Beachte, wie sich eine blockierte Gruppe oder ein Individuum öffnet, sobald du den Versuch aufgibst, das unbedingt Richtige zu tun.

49
Offen sein

Der kluge Gruppenleiter drängt der Gruppe weder eine Tagesordnung noch sein persönliches Wertsystem auf.

Der Gruppenleiter findet seine Anhaltspunkte innerhalb der Gruppe und ist allem Geschehen gegenüber offen. Er verurteilt niemand; sowohl «guten» als auch «schlechten» Menschen begegnet er mit Aufmerksamkeit. Es ist für ihn sogar bedeutungslos, ob jemand die Wahrheit spricht oder lügt.

Offen und aufmerksam zu sein, ist wirkungsvoller als jedes Urteil. Dies beruht auf der Erkenntnis, daß der Mensch von Natur aus dazu neigt, gut und ehrlich zu sein, sobald man ihm auf gute und ehrliche Weise begegnet.

Möglicherweise erweckt der Gruppenleiter mit seiner unkritischen Offenheit den Anschein von Naivität. Offenheit birgt aber fraglos ein sehr viel größeres Potential als jede Form des Urteilens.

50
Dasein: Leben und Tod

Das Dasein umfaßt beides: Leben und Tod. Zieht man das eine dem andern vor, so verneint man die Gesamtheit des Daseins und erzeugt Spannungen. Dies bewirkt, daß Menschen in kritischen Situationen Fehler begehen. Fehler sind oft bedeutend zerstörerischer als das Dasein selbst.

Dreißig Prozent aller Menschen lieben das Leben und fürchten den Tod. Weitere dreißig Prozent ziehen den Tod vor. Nochmals dreißig Prozent fürchten sowohl das Leben als auch den Tod.

Neunzig Prozent aller Menschen leiden somit an Spannungen, die auf dem Nichtwissen um die Wirkung der Polarität beruhen. Wenn auch Leben und Tod zwei gegensätzliche Dinge sind, bleiben sie dennoch untrennbar miteinander verbunden. Das eine dem andern vorzuziehen erweist sich als nutzlos.

Nur zehn Prozent der Menschen sind weise genug, sowohl das Leben als auch den Tod als Tatsachen zu akzeptieren und an den steten Veränderungen des Daseins Gefallen zu finden. Denn Wachstum und Zerfall sind überall und jederzeit vorhanden.

Der kluge Gruppenleiter weiß, daß alles kommt und geht. Weshalb sich festklammern? Warum sich sorgen oder fürchten? Wieso sich täglich ausmalen, was passieren könnte?

Der rasende Hund beißt stets den Aufgeregten. Der Bewußte und Zentrierte bleibt verschont.

Der kluge Gruppenleiter verhält sich dem Tode gegenüber indifferent — er liebt ihn nicht, und er fürchtet ihn nicht. Diese Freiheit schützt den Gruppenleiter vor unliebsamen Einflüssen.

51
Urprinzip und Schwingungsmuster

Alles, jedes Verhalten, umfaßt ein Schwingungsmuster oder einen Prozeß. Dieser entsteht, entwickelt sich und schwindet gemäß dem Urprinzip.

Die Menschen empfinden dem Urprinzip gegenüber eine natürliche Ehrfurcht, und sie lieben Energieschwingungen, die diesem Prinzip Folge leisten.

Energieschwingungen und Urprinzip bilden eine Partnerschaft, die unzählige Erscheinungsformen hervorbringt, ohne daraus irgendeinen Gewinn zu ziehen. Die freigesetzte Kraft übt keinen Zwang aus; die Dinge verlaufen ganz einfach so, wie sie verlaufen müssen. Es liegt in der Natur der Sache.

Diese Partnerschaft zwischen Urprinzip und Schwingungsmuster bildet die Grundlage des Lebens und unserer Arbeit.

52
Der Schoß

Die gesamte Schöpfung beruht auf Gegensätzlichkeiten. Die allem zugrunde liegende Polarität wird als Plus/Minus, *Yin/Yang* oder weiblich/männlich bezeichnet.

Diese Polarität befruchtet sich selbst: Sie bildet einen androgynen Schoß, der alles hervorbringt.

Zu diesem «Alles» gehöre auch ich. Ich selbst bestehe aus Gegensätzlichkeiten, die sich nach dem Urprinzip entwickeln. Ich bin ein Kind Gottes. Auch ich stamme aus dem Schoß der Schöpfung.

Dieses Wissen vermittelt mir Standhaftigkeit.

Falls ich mit meinem Vertrauen auf einen Gegenstand, auf einen Menschen oder eine Weltanschauung bauen müßte, wäre meine Standhaftigkeit verloren. Menschen, Dinge und Weltanschauungen kommen und gehen — in stetem Wechsel. Ich wäre von Angst erfüllt, daß der von mir geliebte Gegenstand verlorenginge, daß der mir als Vorbild dienende Mensch stürbe oder die von mir vertretene Weltanschauung keine Gültigkeit mehr hätte.

Somit bin ich einzig und allein dem Urprinzip verpflichtet.

Ich betrachte einen Menschen und entdecke in ihm das Urprinzip sowie die gesamte darauf beruhende Entwicklung. Ich vermag die tägliche, stündliche Wirkung des Urprinzips zu erkennen. Und diese Erkenntnis bildet die Grundlage meiner Fähigkeiten als Gruppenleiter.

Da ich um den Lauf der Dinge weiß, bin ich mir auch der Anpassungsfähigkeit und ihrer Bedeutung bewußt. Alles, was wächst, ist anpassungsfähig. Jede echte, dauernde Stärke wird von dieser Qualität bestimmt.

Ich weiß auch, daß mich die Treue zum Urprinzip von aller Todesfurcht befreit. Ich habe nichts zu verlieren. Ich bin mir bewußt, daß ich eine Erscheinungsform der Ewigkeit darstelle. Meine Heimat ist der Schoß der Schöpfung. Sterben bedeutet heimkehren.

53
Materialismus

Der kluge Gruppenleiter führt ein ruhiges und meditatives Leben. Die meisten Menschen streben jedoch unaufhörlich nach möglichst viel Besitz.

Der stille Pfad führt zu einem bewußteren Dasein. Der unruhige Pfad hat übertriebenen Materialismus zur Folge.

Bewußter werden, heißt näher zum Göttlichen gelangen und das Ganzheitliche der Schöpfung erkennen. Übermäßiger Konsum beruht stets auf Ausbeutung, nur so ist er überhaupt möglich.

Die Güter dieser Welt sind ungleich verteilt. Einigen wenigen steht vieles zur Verfügung. Die Mehrzahl besitzt jedoch äußerst wenig. Die Quellen versiegen nach und nach. Alle wissen dies.

Jene aber, die in ihrem Besitz nahezu ersticken, häufen immer größere Mengen an. Ja, sie prahlen sogar mit ihrem Überfluß. Wissen diese Menschen nicht, was Stehlen bedeutet?

Unmengen von Besitz beruhen nicht auf Gott. Sie wurzeln in der Manipulation — Menschen bedienen sich anderer, um immer mehr zu erlangen.

54
Der Welleneffekt

Möchtest du das Geschehen der Welt positiv beeinflussen? Dann bringe zuerst Ordnung in dein eigenes Leben. Verankere dein Tun und Handeln fest im Urprinzip, so daß dein Verhalten positiv und wirksam ist. Gelingt dir dies, so gewinnst du die Achtung deiner Umwelt — dein Einfluß wird Wirkung zeigen.

Dein Verhalten übt seine Wirkung auf die andern nach dem sogenannten Welleneffekt aus. Jeder beeinflußt jeden — und kraftvolle Menschen üben einen entsprechend starken Einfluß aus.

Wenn dein Leben funktioniert, beeinflußt dies deine Familie.

Wenn deine Familie funktioniert, übt dies einen Einfluß auf die Gemeinschaft aus.

Wenn deine Gemeinschaft funktioniert, geht die Wirkung auf die Nation über und von dort auf die übrige Welt.

Wenn deine Welt funktioniert, setzt sich der Welleneffekt im gesamten Kosmos fort.

Bedenke, daß dein Einfluß bei dir selbst beginnt und sich wellenförmig fortbewegt. Achte deshalb darauf, daß dein Einfluß stark und positiv erfolgt.

Wie erkenne ich, daß dies funktioniert?

Alles Wachstum entspringt einem Zellkern. Du bist ein Zellkern.

55
Lebensenergie

Menschen, die ihre gesamten Blockierungen und Konflikte überwinden, sind offen für den freien Fluß ihrer Lebensenergie.

Sie strahlen Lebensfreude aus und sind von jener schützenden Hülle umgeben, wie sie sich nur noch beim Kleinkind findet. Die Unbill des Alltags gleitet an ihnen ab. Unruhestifter entdecken keine Angriffsfläche.

Solche Menschen wirken physisch entspannt und geschmeidig, weisen jedoch eine bemerkenswerte Energie und Vitalität auf. Sie üben eine sexuelle Anziehungskraft aus, ohne offenkundig erotisch zu wirken. Sie vermögen lange und kräftig zu singen, ohne heiser zu werden.

Es ist, als wären sie gerade frisch verliebt — nicht in einen einzelnen Menschen, sondern in die gesamte Schöpfung. Ihre Energien sind entsprechend vielfältig.

Erregung mit der belebenden Kraft der Erleuchtung zu verwechseln, ist ein Irrtum. Physische und psychische Reize erregen, abcr sic vergrößern keineswegs unsere Energie. Im Gegenteil: Erregung verbraucht Energie und erschöpft die Lebenskraft.

Erregung führt zu Spannung, sobald der Anreiz auf Widerstand stößt. Die Erregung selbst nimmt ein Ende, sobald der Anreiz aufhört oder ein Beteiligter ermüdet.

Aber die belebende Energie der Erleuchtung fließt ununterbrochen. Sie stößt auf keinen Widerstand und erzeugt keinerlei Streß.

Erregung wurzelt in vergänglichen Wünschen. Lebensenergie entspringt dem Ewigen.

56
Die Integrität des Gruppenleiters

Der kluge Gruppenleiter weiß, daß sich die tiefere Wahrheit des Geschehens nicht in Worte fassen läßt. Warum also etwas vortäuschen?

Wirres Gerede ist ein sicheres Indiz, daß der Gruppenleiter den Lauf der Dinge gar nicht erfaßt.

Aber was sich nicht in Worten ausdrücken läßt, kann vorgelebt werden: schweige, bring dein Bewußtsein zur Wirkung. Es funktioniert immer — Bewußtsein läßt uns den Verlauf des Geschehens erkennen, klärt Konflikte und harmonisiert jede Form von Erregung. Sowohl beim Einzelnen als auch innerhalb der Gruppe.

Der Gruppenleiter weiß auch um die Ganzheitlichkeit des Seins. Er bleibt somit stets ein neutraler Beobachter, er ergreift niemals Partei.

Der Gruppenleiter ist unbestechlich. Auch Drohungen vermögen ihm nichts anzuhaben. Geld, Liebe oder Ruhm — weder gewonnen noch verloren — bringen ihn nicht von seiner Bahn ab. Er bleibt zentriert.

Die Integrität des Gruppenleiters ist keineswegs idealistisch. Sie beruht auf einem pragmatischen Wissen um den Lauf der Dinge.

57
Weniger tun — mehr sein

Führe eine offene, ehrliche Gruppe.

Deine Aufgabe besteht darin, das Geschehen allen Gruppenteilnehmern verständlich und zugänglich zu machen. Misch dich so wenig wie möglich ein. Eingreifen, wie gekonnt auch immer, bewirkt stets eine Abhängigkeit vom Gruppenleiter.

Je weniger Vorschriften, um so besser. Regeln beeinträchtigen die Freiheit und die Verantwortung. Das Geltendmachen von Bestimmungen bedeutet bloß Zwang und Manipulation — Eigenschaften, die das spontane Verhalten mindern und Gruppenenergie verbrauchen.

Je mehr Zwang du ausübst, um so größerer Widerstand regt sich innerhalb der Gruppe. Manipulationen haben bloß Ausweichmanöver zur Folge. Jedes Gesetz schafft einen Geächteten. Dies ist kein Weg, eine Gruppe zu führen.

Der kluge Gruppenleiter sorgt für ein klares und gesundes Klima innerhalb der Gruppe. Eine Gruppe, die bewußt handelt, ist auf natürliche Weise mit dem Förderlichen verbunden.

Wenn der Gruppenleiter schweigt, bleibt die Konzentration der Gruppe erhalten. Sobald er keine zwingenden Vorschriften erläßt, entdeckt die Gruppe ihre eigenen positiven Eigenschaften. Wenn der Gruppenleiter uneigennützig handelt, handelt die Gruppe so, wie es die jeweilige Situation erfordert.

Gut führen heißt weniger tun und mehr sein.

58
Die Entfaltung des Gruppenprozesses

Der Gruppenprozeß entwickelt sich auf natürliche Weise. Er gleicht sich selbst aus. Greife nicht ein. Es ergibt sich von selbst.

Versuche, den Prozeß zu steuern, mißlingen zumeist. Entweder blockieren sie den Prozeß oder sie führen zum Chaos.

Lerne dem Lauf der Dinge vertrauen. Wenn Schweigen herrscht, laß es wachsen; irgend etwas wird sich daraus entwickeln. Falls sich ein Sturm erhebt, laß ihn toben. Er wird sich legen und zur Ruhe gelangen.

Ist die Gruppe unzufrieden? Es liegt nicht an dir, sie glücklich zu machen. Selbst wenn du dazu die Fähigkeit besitzt, würden deine Bemühungen die Gruppe um eine äußerst kreative Auseinandersetzung bringen.

Der kluge Gruppenleiter weiß die Entfaltung des Gruppenprozesses zu fördern; er selbst verkörpert ebenfalls einen Prozeß. Beide Prozesse entwickeln sich auf dieselbe Weise und nach demselben Urprinzip.

Der Gruppenleiter vermag seinen Einfluß geltend zu machen, ohne sichtbar einzugreifen.

So ist es beispielsweise wirksamer, das reale Geschehen im Hier und Jetzt zu fördern, als den Lauf der Dinge nach seinen subjektiven Vorstellungen erzwingen zu wollen. Seine Überzeugung vorzuleben bringt mehr als Moralisieren. Offenes Verhalten ist wirkungsvoller als Vorurteile. Eine strahlende Persönlichkeit ermutigt die Menschen — wer alle andern in den Schatten stellt, entmutigt bloß.

59
Der Quell deiner Fähigkeiten

Sowohl im Verlauf der Gruppenarbeit als auch im Alltag gilt es bewußt zu leben. Du mußt den Lauf der Dinge erkennen. Wenn du um das Wie und Was des Geschehens weißt, vermagst du entsprechend zu handeln. Auf diese Weise vermeidest du Unannehmlichkeiten — Vitalität und Wirkungskraft sind gesichert.

Rufe dir stets in Erinnerung, daß wir alle einen natürlichen Prozeß verkörpern. Den Lauf der Dinge erkennen heißt auch, seiner selbst gewahr sein. Dein eigenes Leben entfaltet sich nach demselben Prinzip, das jede andere Entwicklung bestimmt. Auch du wurzelst im gemeinsamen Urgrund der Schöpfung.

Wie alles andere zu sein, heißt der Allgemeinheit entsprechen. Bewußt um diese Tatsache zu wissen, gehört jedoch zum Außergewöhnlichen. Erkennen, wie diese Einheitlichkeit funktioniert und entsprechend zu handeln, bildet den Quell deiner Kraft, Ausdauer und Vortrefflichkeit.

Bewußtsein stärkt deine Fähigkeiten. Lerne zunehmend bewußter zu werden.

60
Keine Aufregung

Führe die Gruppe taktvoll und umsichtig.

Gewähre dem Gruppenprozeß eine möglichst natürliche Entfaltung. Enthalte dich aller Versuche, Aussagen oder Gefühle herauszufordern, die nicht von allein in Erscheinung treten.

Wenn die natürliche Entfaltung mißachtet wird, findet eine vorzeitige Freisetzung von Kräften statt, die möglicherweise mit der aktuellen Situation gar nichts zu tun haben. Es können somit unbestimmte oder chaotische Energien in Erscheinung treten, die sich — als Reaktion auf dein Drängen — gegen jedes greifbare Ziel richten.

Solche Kräfte finden sich in jeder Gruppe. Hüte dich, deren Wirkung erzwingen zu wollen. Sie müssen von sich aus in Erscheinung treten, sobald ihre Zeit gekommen ist.

Natürlich freigesetzte Gefühle verletzen nie — sie lösen sich von selbst auf. In der Tat besteht kein Unterschied zu anderen Gedankengängen oder Empfindungen.

Jede Energie entsteht auf natürliche Weise, nimmt Form an, wandelt sich und schwindet.

61
Demütig und geachtet

Die Ansicht, daß ein wirklich guter Gruppenleiter über alles erhaben sei, beruht auf einem Irrtum. Im Gegenteil: Größe bedeutet die Fähigkeit zu Demut und Hilfsbereitschaft.

Stelle dir die Lebenskräfte wie das Wasser der Flüsse und Meere vor. Das Meer, unendlich viel größer als die Flüsse, erwartet deren Wasser. Die Flüsse ergießen sich in das Meer, werden von ihm aufgenommen und erfahren damit einen Wandel.

Oder stell dir den Gruppenleiter als weibliches, offenes und einfühlsames Element vor, während der Gruppenteilnehmer das männliche, beherrschende Prinzip verkörpert. Das Weibliche nimmt die männlichen Schwingungen auf. Es absorbiert das Männliche; letzteres beruhigt sich, befreit sich von seiner Verhärtung und löst sich auf.

Der kluge Gruppenleiter ist hilfsbereit, einfühlsam, offen und anpassungsfähig. Die Schwingungen des Gruppenteilnehmers bestimmen das Geschehen. Der Leiter folgt dem Lauf der Dinge. Alsbald wandelt sich jedoch das Bewußtsein des Gruppenteilnehmers, und seine Schwingungen lösen sich auf.

Es handelt sich hier um eine Wechselbeziehung. Der Gruppenleiter muß den individuellen Prozeß bewußt wahrnehmen; die Schwingungen des einzelnen Gruppenteilnehmers lösen sich auf, sobald sie vom Gruppenleiter empfangen und beachtet werden.

Ist der Gruppenleiter klug genug, offen und hilfsbereit zu handeln, so fällt beiden das Erforderliche zu.

62
Ob du es weißt oder nicht

Der natürliche Lauf der Dinge bedarf keiner Gruppe und keines klugen Gruppenleiters. Der Lebensprozeß entwickelt sich ohne unser Zutun. Konflikte lösen sich früher oder später von selbst, ob wir um den Lauf der Dinge wissen oder nicht.

Es stimmt, daß bewußtes Wahrnehmen uns stärkt und unserem Tun größere Wirksamkeit verleiht.

Aber selbst ohne diese Erkenntnis entfalten sich der Mensch und seine Qualitäten. Mangelndes Bewußtsein ist kein Verbrechen, lediglich der Mangel einer äußerst nützlichen Begabung.

Das Wissen um den Lauf der Dinge vermittelt dem Gruppenleiter mehr Kraft und Fähigkeit als sämtliche Diplome und Auszeichnungen dieser Welt.

Aus diesem Grund sind zu allen Zeiten und in jeder Kultur jene Menschen verehrt worden, die um den Lauf der Dinge wußten.

63
Begegnungen

Der kluge Gruppenleiter versteht wirkungsvoll zu handeln.

Um dies zu erreichen, gilt es bewußt und unvoreingenommen zu sein. Wenn du bewußt lebst, erkennst du das Wesen der Dinge; du handelst besonnen. Der Unvoreingenommene reagiert ausgeglichen und in seinem zentrierten Wesen verwurzelt.

Bringe jedem Menschen und allen dir entgegengebrachten Problemen Respekt entgegen. Erachte keine Begegnung als bedeutungslos. Mach dir aber auch keine Sorgen, mit Problemen überschüttet oder in eine unangenehme Lage gebracht zu werden.

Wenn du angegriffen oder kritisiert wirst, dann reagiere so, daß dein Verhalten zur Klärung beiträgt. Bleib zentriert und verstehe die Begegnung als Spiel, nicht als Bedrohung deines Egos oder deiner Existenz. Sprich die Wahrheit.

Falls du das Geschehen innerhalb der Gruppe bewußt wahrnimmst, erkennst du kommende Situationen rechtzeitig, lange bevor sie deiner Kontrolle entgleiten. Jede Sachlage, wie kompliziert oder vielschichtig ihre Entwicklung auch verlaufen mag, ist zu Beginn einfach und übersichtlich.

Begegnungen solltest du weder meiden noch suchen; verhalte dich offen und handle rechtzeitig. Es ist kein Verdienst, den Dingen so lange den Lauf zu lassen, bis sie nur noch mit äußerster Anstrengung gerettet werden können. Wenn man diese Regel beachtet, sind auch potentiell schwierige Situationen leicht zu meistern.

Solange du mit deinen Fähigkeiten nicht prahlst und niemanden nach den eigenen Vorstellungen zu manipulieren suchst, werden ohnehin nur sehr wenige Gruppenteilnehmer eine direkte Konfrontation anstreben.

64
Anfang, Mitte und Ende

Lerne den Anfang erkennen. Zu Beginn sind die Ereignisse relativ leicht zu handhaben. Die Einflußnahme erfolgt noch diskret, und drohende Schwierigkeiten lassen sich vermeiden. Die größte Gefahr birgt der allzu heftige Unterbruch eines sich entfaltenden Prozesses.

Der kluge Gruppenleiter erfaßt das Wesen der Dinge zum voraus, ehe sie sich manifestieren. Ein knorriger, verhärteter Baum ist zunächst ein geschmeidiger Sprößling. Auch ein gewaltiges Bauvorhaben beginnt mit einem ersten Spatenstich, und eine tausend Meilen lange Reise beginnt mit einem Schritt.

Hat sich ein Ereignis erst vollständig manifestiert, so halte so weit als möglich Abstand. Unnötiges Eingreifen hat bloß Verwirrung oder Blockierungen zur Folge. Versuche insbesondere nie, den Lauf der Dinge irgendeinem vorgefaßten Plan oder einem Vorbild anzupassen.

Viele Gruppenleiter verderben den Prozeß in letzter Minute durch ihre Ungeduld. Sie lassen sich in gewisse Folgerungen miteinbeziehen, werden ängstlich und begehen Fehler. Zu diesem Zeitpunkt sind Vorsicht und Bewußtsein unerläßlich. Übe Zurückhaltung. Allzuviele Hilfeleistung oder der Versuch, mit deinem Verhalten Ansehen zu gewinnen, sind fehl am Platz.

Da der kluge Gruppenleiter niemals Erwartungen hegt, erweist sich für ihn kein Resultat als Mißerfolg. Da er sich allem mit Aufmerksamkeit zuwendet, seine Persönlichkeit in den Hintergrund stellt und den Dingen ihre natürliche Entwicklung ermöglicht, erfährt jedes Ereignis einen befriedigenden Abschluß.

65
Theorie und Praxis

Die Lehrer des Gruppenleiters legten keinen großen Wert auf vielschichtige Theorien. Sie lehrten und praktizierten eine auf Bewußtsein und Weisheit beruhende Lebensführung.

Menschen, deren Weltbild in Theorien wurzelt, sehen den Lauf der Dinge oft sehr verworren. Klarheit bereitet ihnen Mühe. Mit ihnen zu arbeiten ist äußerst beschwerlich.

Komplizierte Erklärungen gegenüber der Gruppe verwirren die Leute. Sie beginnen Notizen anzufertigen und stopfen sich mit vorgefaßten Meinungen voll.

Führst du jedoch das Bewußtsein der Gruppe immer und immer wieder zum aktuellen Geschehen zurück, so wirkt dies klärend und erleuchtend.

Die Fähigkeit, zwischen Theorie und Praxis unterscheiden zu können, erspart dir unzählige Schwierigkeiten.

Deine Lebensführung muß bewußt mit dem Urprinzip in Einklang stehen. Wenn du Tao miteinbeziehst, erfährst du die Kraft universeller Harmonie.

海

66
Tief und offen

Warum ist der Ozean das größte aller Gewässer? Weil er tiefer liegt als sämtliche Flüsse und Ströme, und dafür offen ist für alle.

Was wir als Führung bezeichnen, besteht insbesondere aus der Fähigkeit, richtig zu beobachten. Der kluge Gruppenleiter hält sich im Hintergrund und fördert den individuellen Prozeß der Gruppenteilnehmer. Seine bedeutendsten Leistungen erbringt er zumeist unbemerkt. Da er weder antreibt noch beeinflußt oder manipuliert, entwickelt sich innerhalb der Gruppe kein Unmut und keinerlei Widerstand.

Die Gruppenteilnehmer schätzen einen Leiter, der mehr Wert auf echte Unterstützung als auf das Durchsetzen persönlicher Ansichten legt. Die Offenheit des Gruppenleiters ermöglicht jede Form von Entwicklung — jedes Ergebnis ist denkbar. Da er weder einen Standpunkt zu verteidigen hat noch Günstlinge kennt, fühlt sich keiner gekränkt; niemand hat etwas auszusetzen.

67
Drei Führungseigenschaften

Ein echtes Paradoxon: Obwohl das Urprinzip etwas Großartiges verkörpert, wissen alle, die es beachten, daß sie selber nichts Außergewöhnliches sind.

Große Ichbezogenheit trägt keineswegs dazu bei, daß wir zu bedeutenden Menschen werden. Die Gemeinsamkeit der Schöpfung ist der kräftigere Lebensquell als jede übertriebene Isolation.

Folgende drei Eigenschaften sind für den Gruppenleiter von unschätzbarem Wert:

- Mitgefühl für alle Geschöpfe
- Materielle Anspruchslosigkeit oder Genügsamkeit
- Sinn für Gleichberechtigung oder Bescheidenheit

Ein mitfühlender Mensch handelt stets so, daß das Lebensrecht jedes Mitmenschen geachtet wird. Materielle Anspruchslosigkeit bewirkt, daß wir immer genügend besitzen, um mit anderen teilen zu können. Sinn für Gleichberechtigung steht — widersprüchlicherweise — als Zeichen für wahre Größe.

Es ist ein Fehler, einen Menschen, der bloß seine Ichbezogenheit pflegt, als sorgend oder mutig zu erachten. Es ist ein Irrtum anzunehmen, daß übertriebener Konsum zum Wohle anderer beitrage, weil man auf diese Weise Arbeit beschaffe. Es ist ebenso falsch zu glauben, daß ein Mensch, der unbescheiden oder überheblich handelt, wahrlich überlegen sei.

All diese Verhaltensformen sind ichbezogen. Sie trennen das Individuum von der Gemeinsamkeit des Seins. Sie führen zu Verhärtung und Tod.

Mitgefühl, Bereitschaft zu teilen und Gleichberechtigung sind lebensförderliche Elemente. Denn wir sind alle eins. Wenn wir uns um den Mitmenschen kümmern, steigern wir die harmonische Gesamtenergie. Und dies bedeutet Leben.

68
Gelegenheiten

Die höchsten Kriegskünste sind zugleich die heilsamsten. Sie gestatten einem Angreifer, niederzustürzen.

Die fähigsten Generäle nehmen nicht sogleich den Kampf auf. Sie geben dem Feind zunächst Gelegenheit, sinnlose Irrtümer zu begehen.

Die erfolgreichsten Führungskräfte arbeiten nicht mit Zwang und Einschränkungen. Sie bieten Gelegenheiten.

Der fähige Gruppenleiter motiviert die Leute zu Höchstleistungen, indem er entsprechende Gelegenheiten schafft — Verbindlichkeiten treten in den Hintergrund.

Auf diese Weise nimmt alles seinen natürlichen Verlauf. Das Leben ist eine Gelegenheit und keine Verpflichtung.

69
Ein Kampf

Falls ein Gruppenteilnehmer mit dir streiten möchte, erinnere dich der Guerilla-Strategie:

Suche nie den Kampf. Wenn er dennoch auf dich zukommt, so weiche aus; halte ein! Es ist ratsamer, einen Schritt zurückzutreten, als voreilig zu handeln. Deine Stärke liegt in der wachen Intelligenz: Sei dir stets bewußt, was sich ereignet. Deine Waffe ist gar keine Waffe. Es ist das Licht des Bewußtseins.

Stoße nur dort vor, wo du auf keinen Widerstand triffst. Klammere dich an kein Prinzip. Falls du siegst, sei großmütig.

Der Angreifer ist unzentriert und somit leicht aus der Fassung zu bringen. Respektiere ihn trotzdem. Bleibe stets mitfühlend und setze deine Fähigkeiten nie dazu ein, andern unnötig Schaden zuzufügen.

Wie auch immer: die bewußtere Kraft wird siegen.

70
Nichts Neues

Diese Art, zu leben und Gruppen zu leiten, ist leicht zu verstehen und mühelos.

Aber zahlreiche Gruppenleiter begreifen diese Methode nicht. Nur wenige verwirklichen sie im Rahmen ihrer Arbeit.

Offen gestanden, die Methode ist zu einfach und zu alt, als daß man ihr viel Beachtung schenken würde. Im allgemeinen zieht die attraktivste Neuheit am meisten Interesse auf sich.

Jeder kluge Gruppenleiter, der sich an das Urprinzip hält, tut weder etwas Neues noch etwas Originelles.

Sein Verhalten spricht nur einige wenige Schüler an, nämlich jene, die das traditionelle Wissen als einen Schatz erkennen, der sich oft unter einem alltäglichen Erscheinungsbild verbirgt.

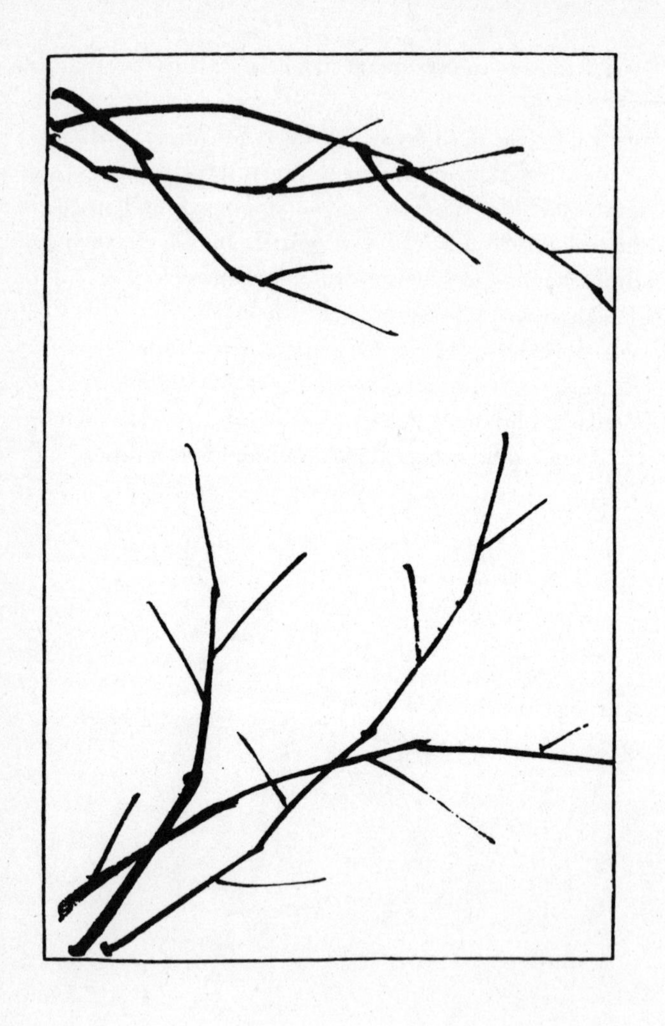

71
Sämtliche Antworten

Niemand kennt alle Antworten. Zu erkennen, daß du nicht alles weißt, ist sehr viel klüger als der Glaube, alles zu wissen, wenn dies gar nicht zutrifft.

Wer Sachkenntnisse vortäuscht, verhält sich neurotisch. Sind die Symptome einmal erkannt, so lassen sie sich glücklicherweise leicht kurieren: Hör auf damit.

Vermutlich versucht sich jeder Gruppenleiter früher oder später in dieser Form von Angeberei.

Der kluge Gruppenleiter weiß, wie quälend das Vortäuschen von Wissen ist. Da er diesen Zustand vermeiden will, unterläßt er jegliche Angeberei.

Wie dem auch sei, es ist befreiend, sagen zu können: «Ich weiß es nicht.»

72
Spirituelles Bewußtsein

Gruppenarbeit muß spirituelles Bewußtsein miteinbeziehen, falls die Existenzangst unserer Zeit angegangen werden soll. Ohne Ehrfurcht bleibt das Fürchterliche unausgesprochen; schleichendes Unbehagen macht sich breit.

Sei bereit, über traditionellen Glauben und Religion zu sprechen, wie sehr dies bei gewissen Gruppenteilnehmern auch Anstoß erregen mag. Ob wir es wahrhaben wollen oder nicht: Die große Kraft unserer spirituellen Wurzeln ruht in der Tradition.

Das Verhalten des klugen Gruppenleiters beruht auf spiritueller Grundlage — er lebt in Harmonie mit geistigen Werten. Es gibt eine Form des Wissens, die jede Vernunft überragt, und eine Größe des Selbst, die jede Ichbezogenheit ausschließt.

Der Gruppenleiter veranschaulicht die Kraft der Selbstlosigkeit und die Einfachheit der Schöpfung.

73
Freiheit und Verantwortung

Stelle dir zwei Formen von Mut vor. Die eine bezeichnen wir als aktiven Mut: er bringt Menschen um. Die andere als inneren Mut: er bewahrt Menschenleben. Welche dieser beiden Formen von Mut ist besser?

Jeder muß diese Frage für sich selbst beantworten. Beide Formen weisen Vor- und Nachteile auf. Tao bevorzugt weder das eine noch das andere.

Halte dir stets vor Augen, daß sich Tao auf das Wie bezieht: auf die Art und Weise, wie etwas geschieht. Aber dies sagt nichts darüber aus, was man eigentlich tun sollte. Niemand vermag dir zu sagen, wie du handeln mußt. Das liegt in deiner Verantwortung.

Statt andere um Rat zu fragen, solltest du mehr Bewußtsein für die tatsächlichen Ereignisse entwickeln. Dann wirst du selber den Lauf der Dinge erkennen und eigene Entscheidungen treffen können.

Tao predigt nichts und schreibt keine Verhaltensweisen vor. Die Menschen handeln in eigener Verantwortung. Aber ihr Verhaltensmuster folgt dem Naturgesetz.

Dieses Gesetz ist so allumfassend, daß es für jeden Bereich Gültigkeit besitzt. Es ist so spezifisch, daß es überall und jederzeit Anwendung findet.

Aber niemand vermag zu entscheiden, wie du dich in einer bestimmten Situation zu verhalten hast. Dieser Entscheid liegt bei dir.

74
Richter und Geschworene

Der Gruppenleiter ist kein Richter; es steht ihm nicht zu, andere für ihr «schlechtes» Benehmen zu bestrafen.

Bestrafung ist ohnehin kein erfolgreiches Instrument, um das Verhalten der Mitmenschen zu steuern.

Selbst wenn die Bestrafung Wirkung zeigen sollte — welcher Gruppenleiter würde es wagen, Angst als Lehrmethode einzusetzen?

Der Kluge weiß um die natürlichen Folgerungen, die jeder Handlung innewohnen. Es gilt, diese Tatsache aufzuzeigen und erkennbar zu machen. Nicht das Verhalten an und für sich muß bekämpft werden.

Falls der Gruppenleiter die Stelle der natürlichen Entwicklung einnimmt und zu richten beginnt, ergibt sich aus diesem Verhalten bestenfalls die grobe Nachahmung eines äußerst subtilen Prozesses.

Zumindest wird der Gruppenleiter dabei entdecken, daß er auf diese Weise beide Wege versperrt. Wer andere bestraft, schadet auch der eigenen Arbeit.

75
Ohne Gier

Die Gruppe wird nicht gedeihen, falls der Leiter das größte Verdienst einer guten Arbeit für sich selbst beansprucht.

Die Gruppe wird aufbegehren und Widerstand leisten, sobald der Gruppenleiter das Geschehen in bestimmte Bahnen zu lenken sucht.

Die Gruppenteilnehmer werden in ihrer Spontaneität und in ihrer Empfänglichkeit geschwächt, falls sich der Leiter kritisierend und schroff verhält.

Der kluge Gruppenleiter handelt weder gierig noch selbstsüchtig oder abwehrend. Er fordert nichts. Auf diese Weise wächst das Vertrauen in seine Fähigkeit, allem die natürliche Entfaltung zu ermöglichen.

76
Flexibel oder starr?

Der Mensch wird als flexibles Wesen geboren, seine Kräfte sind fließend. Wenn er stirbt, wird er unbeweglich und starr.

Betrachte das Leben von Pflanzen und Bäumen: Zur Zeit ihres größten Wachstums sind sie verhältnismäßig zart und geschmeidig. Sobald sie ausgewachsen sind und der Abbau beginnt, werden sie hart und spröde.

Den ausgewachsenen, verhärteten Baum zersägt man in Stücke.

Der rigide Gruppenleiter vermag möglicherweise bereits vorgegebene, sich ständig wiederholende Übungen zu führen — einem lebendigen Gruppenprozeß ist er jedoch nicht gewachsen.

Alles Flexible und Fließende neigt zu Wachstum. Alles Erstarrte und Blockierte verkümmert und stirbt.

77
Zyklen

In der Natur verläuft alles zyklisch — das Pendel schwingt stets von einem Extrem zum andern.

Stelle dir Pfeil und Bogen vor. Sobald der Schütze den Bogen spannt, nähern sich dessen Enden; der Abstand zwischen Bogen und Sehne weitet sich — die Sehne selbst wird straff. Nach erfolgtem Abschuß setzt der umgekehrte Vorgang ein — Bogen und Sehne entspannen sich.

Auf dieselbe Weise vollziehen sich die natürlichen Vorgänge: Spannung löst sich, Leere füllt sich, Übermaß nimmt ab.

Eine auf Materialismus und Eroberung der Natur ausgerichtete Gesellschaft möchte sich diesen Zyklen entziehen. Von etwas Gutem will man immer noch mehr — das höchste Ziel heißt Überfluß. Gleichzeitig fällt den Bedürftigen immer weniger zu.

Der kluge Gruppenleiter richtet sich nach den natürlichen Gegebenheiten; die Konsumgesellschaft dient ihm nicht als Vorbild.

Hilfsbereitschaft und Großzügigkeit bringen dem Gruppenleiter Erfüllung. Selbstlos weist er den andern den Weg zur Selbstverwirklichung. Indem er uneigennützig fördert — ungeachtet des Lobs oder der Bezahlung —, wird sein Handeln wirksam und überzeugend.

Das Verhalten des Gruppenleiters zeigt positive Ergebnisse, weil es Verständnis für Gegensätze und Zyklen miteinbezieht.

Wirkungsvolles Handeln blendet nie mit vordergründigen Erfolgen.

78
Sanft und stark

Wasser ist fließend, sanft und anpassungsfähig. Aber es vermag den harten, unnachgiebigen Fels abzutragen.

In der Regel überwindet das Fließende, Sanfte und Anpassungsfähige alles Starre und Harte.

Der kluge Gruppenleiter weiß, daß Nachgiebigkeit den Widerstand bezwingt und Sanftheit verhärtete Abwehr überwindet.

Der Gruppenleiter kämpft nicht gegen die Kraft der Gruppenenergie: Er fließt mit, gibt nach, nimmt auf und läßt frei. Es gilt dabei manchen Mißstand zu ertragen. Erst die Fähigkeit, sanft zu sein, macht ihn zum wahren Gruppenleiter.

Dies ist ein weiteres Paradoxon: Sanftes ist stark.

79
Gewinne oder verliere

Falls eine Auseinandersetzung mit einem Gruppenteilnehmer nicht so verläuft, wie du es dir gewünscht hättest, dann gehe keine falschen Kompromisse ein. Halte mit deinen wahren Gefühlen nicht zurück!

Beharre jedoch nicht auf deinem Standpunkt. Wende dich wieder deiner Arbeit zu und fördere das Geschehen innerhalb der Gruppe.

Es ist nicht deine Aufgabe, recht zu haben oder bei einer Auseinandersetzung den Sieg davonzutragen. Ebensowenig gilt es, die Ansichten des Diskussionspartners als falsch zu entlarven. Falls der andere gewinnt, bedeutet dies keineswegs eine Herabsetzung deiner Person.

Deine Aufgabe ist die Förderung des Geschehens innerhalb der Gruppe — scheue dabei weder Sieg noch Niederlage.

Da wir alle eins sind, sollte man niemals Partei ergreifen. Zum Schluß — wenn alles gesagt und getan ist — folgt der kluge Gruppenleiter ohnehin dem natürlichen Lauf der Dinge.

80
Einfache Lebensführung

Wenn du frei sein willst, so eigne dir eine einfache Lebensführung an.

Begnüge dich mit dem, was du hast, und sei mit deinem Umfeld zufrieden. Verzichte darauf, deine Probleme mittels Wohnungs-, Partner- oder Berufswechsel lösen zu wollen.

Laß dein Auto in der Garage. Falls du eine Schußwaffe besitzt, so leg sie weg. Verkaufe den komplizierten Computer und arbeite wieder mit Bleistift und Papier. Lies erneut die Klassiker — vergiß all die Neuerscheinungen auf dem Büchermarkt.

Iß einheimische Nahrung. Trage eine einfache, strapazierfähige Kleidung. Bewohne wenige, nicht überladene Räume, die problemlos zu reinigen sind. Stopfe deinen Terminkalender nicht voll — gönne dir freie Zeit. Pflege spirituelle Übungen und halte Familientraditionen in Ehren.

Das Leben hält stets Neues und Unerwartetes bereit. Täglich bieten sich andere Möglichkeiten.

Was willst du mehr?

81
Die Belohnung

Die klare, schonungslose Wahrheit ist wesentlicher als schöne Worte. Gruppenarbeit hat nichts mit Rhetorik zu tun.

Es ist bedeutender, zum Wohle aller zu handeln, als in Auseinandersetzungen den Sieg davonzutragen. Die Gruppe ist kein Debattierclub.

Es ist besser, klug auf das jeweilige Gruppengeschehen einzugehen, als alles theoretisch erklären zu können. Gruppenarbeit ist kein Abschlußexamen.

Der kluge Gruppenleiter strebt nicht nach persönlichen Erfolgserlebnissen. Er weist anderen den Weg zum Erfolg. Hier eröffnet sich ein weites Gebiet: Das Gelingen mit anderen zu teilen wird als positives Ergebnis erlebt.

Das Urprinzip der Schöpfung lehrt uns, daß echte Zuwendung jeden glücklich macht und keinen benachteiligt.

Der kluge Gruppenleiter weiß, daß die Belohnung für seine Arbeit aus dieser selbst erwächst.

Bibliographie

A. Empfohlene Übersetzungen und Übertragungen des *Tao Te King*

Gia-fu Feng und Jane English: *Tao Te Ching*. New York 1972. Dt.: Lao Tse: *Tao Te King*, München 1986.

Beide Autoren leiten Bewußtseins-Gruppen. Ihre Sprache ist modern und klar. Jane Englishs Photographien und die Kalligraphien von Gia-fu Feng vermitteln den Geist von Tao besser als jeder Kommentar.

K. O. Schmidt: *Tao Te Ching (Lao-Tse's Book of Life)*. Lakemont, Georgia 1975. Dt.: Lao Tse: *Tao Te King*, München 1977.

Der aus Deutschland stammende Autor befaßt sich mit metaphysischen Themen. Er kennt und liebt die Geheimlehren. Seine Übersetzung hat Hand und Fuß. Sowohl im Rahmen meiner Lehrtätigkeit als auch beim Studium der Schriften Laotses berief ich mich zumeist auf Schmidts Arbeit. Dennoch fehlt es ihm oft an Genauigkeit.

C. Spurgeon Medhurst: *The Tao-Teh-King*. A Quest Book. Wheaton, Illinois 1972.

Die Sprache dieser wunderlichen Übersetzung aus dem Jahre 1905 scheint älter als Laotse selbst. Ich liebe Medhursts Kommentare. Er weiß das *Tao Te King* mit westlichen religiösen und kulturellen Traditionen in Verbindung zu bringen. Medhurst ist eine spirituelle Persönlichkeit.

Arthur Waley: *The Way And Its Power.* New York 1958.

Witter Bynner sagte: «Arthur Waleys Schrift über Laotse ist sehr genau und wissenschaftlich anspruchsvoll — allerdings für Nichtgelehrte schwer verständlich.» Ich greife auf Waleys Schriften zurück, wenn ich mit einem möglichst originalgetreuen Text arbeiten will. Waley gehört mein größtes Vertrauen.

Witter Bynner: *The Way Of Life According to Laotzu.* New York 1962.

Witter Bynner lebte einige Zeit in China; er liebte die Chinesen. Bynners großes Wissen ist weniger bedeutend als sein Geist. Ich habe sein Buch gewiß zehnmal gekauft. Er schrieb es im Jahre 1944 — in einer dunklen Zeit für China.

B. *Bücher über Taoismus und verwandte Gebiete*

Richard Wilhelm: *I Ching or the Book of Changes.* Princeton, New Jersey 1967. Dt.: *I Ging — Das Buch der Wandlungen,* Köln 1986.

Das *I Ging* ist sehr alt. Es ist für die Praxis bestimmt. Laotse hat vermutlich damit gearbeitet. Einige Leute benutzen es zum Wahrsagen, wenn sie andere beraten wollen. Ich selber sehe darin lieber ein Quell verschiedener Möglichkeiten.

Alan Watts und Al Chung-liang Huang: *Tao the Watercourse Way.* New York 1975. Dt.: *Der Lauf des Wassers,* Frankfurt 1982.

Alan Watts war ein kultivierter Schelm. Seine Bücher, Vorlesungen und Workshops machten die östliche Kultur populär. Er wollte kommunizieren, nicht Verwirrung stiften. Watts starb beim Verfassen dieses Buches. Al Huang schrieb es zu Ende. Ein lebendiger Hintergrund für Taoismus und chinesische Kultur.

Theodore Schwenk: *Sensitive Chaos.* New York 1965. Dt.: *Das sensible Chaos,* Stuttgart 1984.

Mein Lieblingsbuch über die fließende und formende Wirkung des Wassers. Ich verwende die enthaltenen Photographien und Zeichnungen während meiner Arbeit mit den Schülern. Der Begriff «Prozeß» wird dadurch anschaulich. Schwenk ist Anhänger Rudolf Steiners, des Begründers der Anthroposophie. Tao ist nicht ausschließlich östlich.

Fritjof Capra: *The Tao of Physics.* Berkeley, California 1975. Dt.: *Das Tao der Physik,* Bern/München 1984.

Der Untertitel dieses Buches lautet «Die Konvergenz von westlicher Wissenschaft und östlicher Weisheit». Möglicherweise sind Tao und Physik unterschiedliche Beschreibungen der gleichen Wirklichkeit: Zwei Metaphern für ein und dieselbe Wahrheit. Nicht jeder Physiker akzeptiert diesen Standpunkt.

Goldian Vanden Broek (ed.): *Less Is More; The Art of Voluntary Poverty.* New York 1978. Dt.: Schmidbauer, W.: *Weniger ist manchmal mehr,* Reinbek 1984.

Dieses Zitatenbuch ist dem «reichen Amerika» gewidmet. Einfachheit, nicht Konsum bildet die Basis von Freiheit und guter Lebensführung. Keine Armut, jedoch Einfachheit.

C. Bewußtseins-Training

Stuart Brand (ed.): *The Next Whole Earth Catalog*. New York 1980. *The Next Whole Earth Catalog* pflegt den bewußten Materialismus: Sei dir bewußt, wer und wo du bist, was du tust und was du besitzt. Das Buch enthält viele Adressen und Hinweise. Die Seiten 584-93 informieren über Bücher, Einrichtungen und Zubehör in Zusammenhang mit Bewußtseins-Training. Der restliche Katalog liest sich als logische Weltanschauung, die mit dem *Tao Te King* zu vereinbaren ist.

Dank

Herzlicher Dank gebührt all den Lesern, Lektoren und Redaktoren, deren Kommentare und Korrekturen zum Gelingen dieses Buches beigetragen haben. Besonderen Dank schulde ich Tom Conn, der Gary Wilson von «Humanics Limited» mit dem *Tao der Führung* bekanntgemacht hat.

Joseph Campbell

Mythologie der Urvölker

Die Masken Gottes - Band I

570 Seiten. Gebunden

Alle wichtigen Elemente der Mythen bis in unsere Tage sind in ihren Frühformen bei den Urvölkern bereits angelegt. Joseph Campbell hat Erkenntnisse aus Archäologie, Ethnologie, Religionswissenschaft und vielen anderen Wissengebieten zu einem Bild der urgeschichtlichen Vorstellungswelten verwoben, das die Verbindung dieses ersten Abschnitts der Geschichte der Mythologien der Welt zur Gegenwart deutlich sichtbar werden lässt. So diente das erste Kapitel dieses Buches als Ideenvorlage zu Stanley Kubriks Film «2001 - Odyssee im Weltraum». Beginnend bei biologisch ererbten Strukturen, ihrer Prägung durch die verschiedenen Lebensabschnitte des Menschen, über die Mythologie der Pflanzer und die der Jäger, reicht die Zeitspanne von Campbells Schilderung bis ca. 2500 v. Chr. Im Zentrum steht für ihn dabei die Wahrheit des Mythos, das heisst, dass der Mythos auf einer äusseren Ebene widerspiegelt, was die Menschen im Innersten bewegt.

Joseph Campbell

Mythologie des Ostens

Die Masken Gottes - Band 2

660 Seiten. Gebunden

Unsere heutige Zeitmessung geht auf die 6000 Jahre alten, in Mythen bewahrten astronomischen Beobachtungen der Sumerer zurück. Es lassen sich viele Beispiele finden, die in MYTHOLOGIE DES OSTENS die grossen östlichen Mythen für unser kulturelles und individuelles Selbstverständnis bewusst und lebendig machen. Ausgehend von der allen gemeinsamen Ursprungsidee, dass das Göttliche innerhalb und ausserhalb des Menschen immer schon vorhanden ist, schildert Campbell die verschiedenen Entwicklungen der Mythologie im vorderen Orient, in den drei grossen Abschnitten der indischen Geschichte und in der chinesischen und japanischen Kultur. Indem er die östlichen Gedankenwelten für den westlichen Leser transparent macht, leistet Campbell mit diesem Buch auch einen wichtigen Beitrag zur Begegnung der Religionen und Kulturen dieser Erde.

Joseph Campbell

Schöpferische Mythologie

Die Masken Gottes
Band 4

864 Seiten, gebunden

Schöpferische Mythologie entrollt die ganze innere Geschichte der Kultur der Neuzeit mit ihrer philosophischen, spirituellen und künstlerischen Entwicklung seit dem Mittelalter und zeigt die einzigartige Stellung des Menschen dieser Zeit, als Schöpfer seiner eigenen Mythologie.
Der Horizont der traditionellen Mythen war durch die eigene Kultur vorgegeben, die den Einzelnen als Mitglied seiner Gemeinschaft von allen anderen abgegrenzt hat. Seit dem Mittelalter weicht diese Begrenztheit zusehends einer Offenheit für die Welt als ganzes.
Schöpferische Mythologie erläutert die Elemente, die den Menschen eine Orientierung in dieser «neuen» Welt ermöglichen.